언택트 공부 혁명

언택트 공부 혁명

4차 산업혁명 시대, 최고의 교실은 어떻게 배우는가

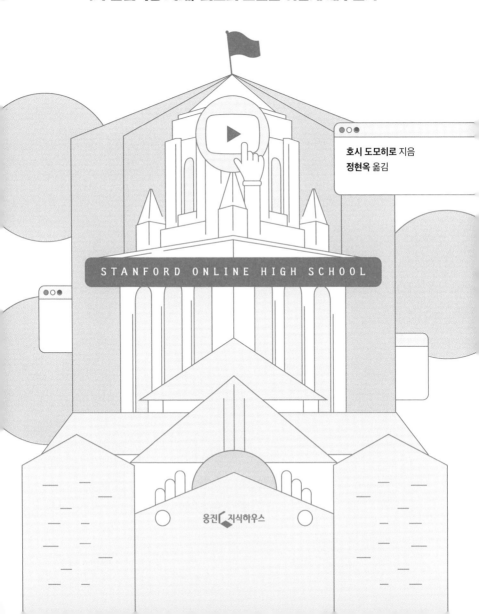

호시 도모히로 지음
정현옥 옮김

STANFORD ONLINE HIGH SCHOOL

웅진 지식하우스

히로와 아야, 하나에에게 이 책을 바친다.

온라인 학교는
어떻게 미국 최우수
학교가 되었나

실리콘밸리가 낳은 전대미문의
온라인 학교

미국 샌프란시스코 베이 에이리어에 자리한 실리콘밸리는 혁신의 산실로 알려져 있다. 애플과 구글, 페이스북을 비롯한 글로벌 IT 기업의 거점이자, 아이디어와 지성으로 무장한 인재들이 한데 모이는 용광로이기 때문이다. 그 중심에는 드높은 명성을 자랑하는 스탠퍼드대학교도 있다. 나의 임무는 수많은 연구자들이 과학적으로 개발하고 검증해낸 최신 학습 기법을 바탕으로, 전 세계에서 몰려든 다재다능한 아이들에게 최고의 교육을 제공하는 것이다. 이곳이 바로 스탠퍼드온라인고등학교Stanford Online High School, SOHS이다.

스탠퍼드온라인고등학교는 말 그대로 스탠퍼드대학교의 부속 온라인 교육기관으로, 중고등학교 통합 과정을 운영한다. 미국을 비롯해 세계 여러 나라에서 내로라하는 수재들이 이곳에 재학 중이다. 학교의 역사는 15년 남짓으로 짧지만, 일찍부터 수많은 교육자와 부모들의 관심을 한 몸에 받았다. 100% 온라인 수업이라는 획기적인 방식을 도입했을 뿐 아니라, 스탠퍼드대학교는 물론이고 하버드대학교, 프린스턴대학교 등 명문대 진학률이 미국에서 가장 높기 때문이다. 졸업생 중에는 대학을 마친 뒤 연구나 창업의 길을 걷겠다는 이들도 많다.

2020년 3월에는 《뉴스위크》에서 발표한 '전미 STEM* 교육 우수 학교' 3위에 올랐고, 교육 평가 전문 기관인 니치Niche 선정 우수 학교 상위 10위권을 5년 연속 유지하고 있다. 미국 내 프렙 스쿨college prep school** 중에서도 1위로 손꼽힌다.

교사나 자녀를 둔 부모, 진학을 고민하는 학생들이라면 강

• 4차 산업혁명을 이끄는 데 중요한 4가지 학문 분야 과학science, 기술technology, 공학engineering, 수학mathematics을 STEM이라고 한다. STEM 교육의 목표는 이 4개 분야를 두루 숙달한 인재를 양성하는 데 있다.
•• 특수 분야의 전문적 교육이나 대학 진학 준비를 목적으로 하는 고등학교를 가리킨다.

렬한 호기심에 사로잡힐 것이다. 미국 최우수 학교에 다니는 아이들은 무엇을 공부하고 또 어떻게 배우고 있을까? 여느 평범한 학교와 구분되는 이곳만의 결정적인 차이는 무엇일까? 모든 수업을 온라인으로 진행하면서도 대면 수업 못지않게 학습 효율을 극대화하는 비법이 있을까? 팬데믹이 몰고 온 언택트 시대의 학습 트렌드는 무엇인가? 교육의 미래는 어디로 향하는가?

10년 넘게 수도 없이 받았고 스스로도 고민했던 일련의 질문에 답하기 위해 나는 이 책을 쓰기 시작했다. 그리고 스탠퍼드온라인고등학교에서의 경험과 최신 연구 자료들을 두루 살피면서 깨달은 것이 있다. 지금까지 우리가 당연하다고 여겨오던 교육법 또는 공부 습관들이 알고 보면 잘못된 상식과 편견에 근거하고 있다는 사실이다. 그 내용을 크게 8가지로 정리하면 다음과 같다.

1. 성과나 능력을 칭찬한다.

2. 하나부터 열까지 자세히 가르쳐준다.

3. 유명한 공부법은 따르고 본다.

4. 자기만의 공부 스타일을 고수한다.

5. 스트레스는 피할수록 좋다.

6. 성적표는 거짓말하지 않는다.

7. 반복 학습이 결과를 만든다.

8. 공부는 혼자 하는 것이다.

　단언컨대 모든 것이 뿌리째 바뀌어야 한다. 이와 같은 잘못된 상식을 따르다 보면 아이의 향상심이나 의지를 깎아내릴 뿐 아니라 기억력과 사고력도 떨어뜨려, 아이가 제대로 된 학습 효과를 얻지 못한다. 이제껏 우리가 상식이라고 믿었던 것들이 비상식으로 전락하는 순간이다.

　스탠퍼드온라인고등학교의 교장을 맡으면서 나는 정확히 이 8가지 지침과 정반대로 움직였다. 결과는 생각보다 놀라웠다. 어느 모로 보나 걸음마 단계였던 신생 학교는 5년도 채 지나지 않아 유구한 전통과 역사를 자랑하는 학교들을 제치고 최우수 교육기관에 이름을 올렸다. '학업 효율 면에서 온라인 수업은 한계가 있다'라는 편견을 뒤집은 최초의 사례가 되었으며, 미국 부모들이 아이들을 입학시키고 싶어 하는 최고의 학교로 알려졌다. 그 비밀은 이 책에서 소개하는 8가지 해결책에 담겨 있다. 최신 교육 현장의 사례와 과학적 근거에 바탕을 두고 있어, 아이의 양육이나 학습 문제로 고민하는 부모와 교사들에게 믿을 만한 길잡이가 되어줄 것이다.

교실의 빈자리를 채운 것들

스탠퍼드온라인고등학교가 지금처럼 높은 명성을 얻기까지 탄탄대로만 달린 것은 아니었다.

2000년대 초반, 온라인 교육은 세계적인 신드롬을 일으켰다. 대학생과 직장인을 중심으로 온라인 교육의 공급과 수요가 폭발적으로 증가했으나, 이내 저조한 수료율이 문제점으로 떠올랐다. 무엇보다 온라인으로는 학생들의 사회성을 기르는 데 한계가 있다는 이유로 중고등학교에 온라인 교육을 적용하는 것은 시기상조라는 회의론이 퍼져나갔다.

스탠퍼드온라인고등학교도 예외는 아니었다. 창립 초기부터 상당한 역풍에 시달리며 휘청거렸고, 교장으로서 나는 어떻게든 학교를 일으켜 세워야 했다. 그 역풍이 온라인 교육의 본질적 문제를 꿰뚫고 있다는 것을 잘 알고 있었지만, 피하지 못할 바에야 정면으로 뚫고 나아가는 수밖에 없었다. 하나는 확실했다. 지금까지의 방식과 관습에 따라 학교를 운영하고 그럴듯한 온라인 프로그램을 마련한다고 해서 이 위기를 돌파할 수는 없다는 것을. 결국 오프라인 대면 수업에 바탕을 둔 학교들에 버금가는, 더 나아가 그것을 넘어서게 해줄 이 학교만의 무기가 필요했다.

고민을 거듭한 끝에 나는 온라인 교육 자체에 대한 편견은 물론, 지금까지 이어져온 전통적인 교육 방식에도 대대적으로 칼을 대기로 했다. 그렇게 스탠퍼드온라인고등학교는 기존의 믿음과 상식에 수없이 도전장을 내미는 '미운 오리'를 자처했다.

가장 최우선에 둔 목표는 아이들이 학교의 울타리를 벗어난 뒤에도 세상에 잘 적응할 수 있도록 강인함을 기르는 일이었다. 무엇을 배우든 아이들이 다양한 관계를 맺고 서로 소통하는 환경을 마련하는 데 중점을 두었다. 사회 정서 학습Social and Emotional Learning, SEL과 신체적·정신적·사회적 건강 및 행복을 추구하는 웰니스Wellness 프로그램도 도입했다. 학교교육에 필수적이라고 여겨졌던 시스템도 경우에 따라 과감하게 손보았다. 강의식 수업, 학년제, 교육과정, 시간표, 보충 학습, 시험, 순위에 따른 나열 등 아주 일반적이고 당연해 보였던 학교의 풍경을 거침없이 뒤집어엎었다.

그다음에는 졸업 이수를 위한 필수과목에 철학을 포함시켰다.

모든 것이 예측 불가능하고 급속하게 변화하는 현대사회에서 살아남으려면 단순히 많은 지식을 습득하고 분석하는 것만으로는 부족하다. 눈앞의 게임을 능숙하게 플레이하는 데 그치지 않고, 끊임없이 생겨나는 새로운 규칙에 적응하는 힘, 나아가 스스로 게임을 만들어내는 능력을 다져야 한다. 즉, 게임 플레이어가 아닌 게임 체인저가 되는 것이다.

이러한 인재는 어떻게 양성할 수 있을까? 우리 학교에서 내린 결론은 철학이다. 철학의 본질은 기존의 상식이나 사물을 보는 관점에 의문을 제기하고 그 안에서 새로운 생각이나 가치를 창출하는 정신적 활동이다. 주어진 틀과 정해진 규칙을 깨고 새로운 흐름을 창조하는 게임 체인저의 힘과 맞닿는 지점이다. 모든 학생들이 매년 철학 수업 과정을 수료해야만 졸업이 가능한 스탠퍼드온라인고등학교의 시스템은 이렇게 만들어졌다.

과학기술 인재를 육성하는 STEM 교육기관에서 철학을 가르친다니, 얼핏 학교의 취지와 어긋난다는 인상을 받을 수도 있다. 그러나 철학 교육이야말로 스탠퍼드온라인고등학교가 추구하는 미래형 교육의 핵심이다. 아이들을 문과와 이과라는 구태의연한 틀에 가두지 않고 다각적으로 사고하는 능력을 키워주면서, 새로운 변화에 발 빠르게 대응할 수 있도록 훈련시키는 것이다. 철학을 중심으로 다양한 분야를 경험하는 커리큘럼은 우리 학교의 중요한 정체성으로 자리 잡았고, 학생과 학부모뿐 아니라 미국 사회에서도 긍정적인 반향을 일으켰다. 전도유망한 과학자로 거듭난 어느 졸업생의 한마디가 이 모든 것을 말해준다고 생각한다.

"요동치는 세상에서 무게중심을 잃지 않고 성공의 열쇠를 거머쥔 비결이 있다면, 그건 바로 철학 덕분이겠지요."

당연해 보이는
모든 것을 의심하라

사람들은 묻는다. 내가 왜 스탠퍼드온라인고등학교의 설립에 뛰어들었고 전형적인 교육 방식을 뒤집는 대담한 작업에 힘을 쏟았는지를 말이다. 흔히들 교사로서의 사명감이나 열정을 떠올리겠지만 적어도 내게는 해당하지 않았다. 교육열은커녕 오히려 가르치는 일에 몸서리를 쳤기 때문이다.

스탠퍼드대학교에서 중고등학생을 대상으로 한 온라인 학교를 설립하자는 논의가 오갔을 때, 나는 동 대학교 철학부에서 박사과정을 밟고 있었다. 이미 논문 작업까지 마친 뒤라 남은 연구 기간을 어떻게 보낼지 궁리하던 중이었다. 그러다가 대학원 친구의 소개로 온라인 학교 창설에 관한 소식을 전해 듣고 철학 교사로 합류했는데, 그것이 나를 지금의 자리에 이르게 만들었다.

돌이켜보면 내 성격으로는 상상조차 못할 과감한 시도였

다. 당시에 논리학을 강의하고 있었지만 가르친다는 행위에 커다란 의문과 저항을 느꼈기 때문이다. 내가 가르치던 학생들은 스탠퍼드대학교의 대학생 또는 대학원생이었다. 하나같이 학업 수준이나 역량 면에서 뛰어났기 때문에 강사로서 자긍심을 갖기란 쉽지 않았다. 그러면서도 내가 전달하려는 내용을 학생들이 바로 알아듣지 못하면 신경이 날카로워졌고 그들의 이해력 부족에 탄식했다. 교육에서 가치를 발견하지 못한 채 내 안의 모순과 싸우기만 한 것이다. 그런 내가 막상 중고등학생을 가르치려니 엉뚱한 부분에서 걱정이 앞섰다. 대학생은 수업 시간에 귀라도 기울이는데, 10대 아이들이 내 말을 듣기나 할까? 기본예절은커녕 단체로 수업을 보이콧이라도 하면 어쩌지?

실제로 수업을 이어가다 보니 기우였음을 깨달았다. 수업에 참여하기 전날까지도 철학과 무관한 일상을 보내던 학생들이 어느새 어엿한 꼬마 철학자가 되어 열띤 토론을 이어갔다. 나의 노력이 학생들의 지적 성장에 조금이나마 보탬이 된 것 같아 기쁨이 차올랐다. 언제 그랬냐는 듯 교육 알레르기는 잦아들고 열정이 활활 타올랐다. 그렇게 정신없이 1년이 흘러갔다. 나는 내정된 네덜란드의 대학교 연구직을 던져버리고 스탠퍼드온라인고등학교에 전력투구하기 시작했다.

세상에는 가르치는 일에 타고난 재능을 보이는 훌륭한 선생님이 많다. 아쉽게도 내게는 그런 사람들이 지닌 놀라운 직관이 없었다. 그렇기에 당연해 보이는 생각들도 일부러 심각하게 분석하고 고민하며 연습할 수밖에 없었다. 지금까지의 교육 방식을 그대로 받아들이는 대신에 나름대로 가설을 세워서 옳고 그름을 검증해나갔다. 수많은 시행착오가 뒤따랐지만 철학적 사고와 비판적 시각 덕분에 교육에 관한 기존의 상식과 통념들을 되짚을 수 있었다. 무엇보다 새로운 미래 교육을 향해 나아가기 위한 든든한 발판을 마련하는 계기가 되었다.

전대미문의 팬데믹은 상식의 전환과 원칙의 붕괴를 불러왔다. 교육 또한 예외는 아니다.

이 책에서는 과학 연구로 밝혀낸 효과 만점의 학습법과 최신 교육 트렌드를 소개한다. 더불어 온라인 교육의 새로운 역사를 쓴 스탠퍼드온라인고등학교의 교육 방침과 커리큘럼, 학교 개혁 과정을 통해 미래 교육의 상을 구체적으로 보여줄 것이다.

우선 그전에 해야 할 일이 있다. 기존의 교육 방식에 관한 잘못된 상식을 과학이라는 칼날로 잘라버리는 작업이다. 당연해 보이는 교육적 상식이 도대체 왜 위험할까? 이제부터 이야기의 포문을 열어보려고 한다.

차례

아이를 망치는
8가지 잘못된 공부 상식

교육자로 살면서 가장 안타까운 순간이 있다. 잠재력이 충분한 아이들이 잘못된 교육 방식 때문에 학업 의지가 꺾이거나 좀처럼 재능을 발휘하지 못할 때이다. 거의 대부분은 아이를 돕고 싶은 마음에 부모와 교사가 자신의 경험이나 상식에 비춰 옳다고 믿었던 학습법을 적용하다가 역효과를 불러오는 식이다. 기대에 못 미치는 아이를 탓하기 전에 스스로를 돌아봐야 한다. 아이를 위한다는 행동들이 오히려 아이의 재능과 학습 자존감을 꺾고 있지는 않은지를 말이다.

　이번 장에서는 교육 분야에 널리 퍼져 있는 상식 중에서 아이의 학습에 독이 되는 8가지 행동들을 소개할 것이다. 뇌과학과 심리학에 뿌리를 둔 학습과학science of learning에 근거해, 배움의 효율을 낮출 뿐 아니라 미래형 교육에 걸맞지 않은 방식들을 과감하게 솎아내려 한다. 아이를 망쳐버릴지도 모를 잘못된 습관에서 지금 당장 시선을 거두어보자.

상식 1. 성과나 능력을 칭찬한다 : 칭찬의 방향 설정

"참 잘했어! 읽는 것도 빠르네!"

"이렇게 어려운 문제를 풀다니 똑똑한데!"

아이가 문제의 정답을 맞히거나 무언가를 뚝 부러지게 해냈을 때 칭찬하고 싶은 심리는 부모로서 당연한 반응이다. 그리고 칭찬에 인색하지 않아야 아이를 바르게 훈육할 수 있다. 칭찬 속에 자라난 아이일수록 크고 작은 성공을 경험하며 자신감이 붙고 의지도 높아진다.

그러나 칭찬은 양날의 검이다. 제대로 쓸 줄만 안다면 긍정적인 효과가 나타나지만, 그렇지 않다면 예기치 못한 역효과로 아이에게 안 좋은 영향을 미친다. 앞에서 예로 든 "참 잘했어!", "이렇게 어려운 문제를 풀다니"처럼 성과 자체에 초점을 맞추거나, '읽기 속도가 빠르다', '똑똑하다'와 같이 실력이나 지식 수준을 칭찬하는 것은 상당히 위험하다. 세계적인 베스트셀러 『마인드셋』의 저자이자 스탠퍼드대학교 심리학 교수 캐럴 드웩Carol Dweck의 연구가 이를 잘 보여준다.[1]

드웩의 연구진은 초등학생들을 두 개의 그룹으로 나누어 퍼즐 과제를 풀게 했다. 조금만 집중하면 거의 모든 학생이 맞출 수 있을 정도로 난이도는 쉬운 편이었다. 연구진은 퍼즐이 끝난 뒤 A그룹(지성 그룹)에는 완성된 퍼즐의 수(X)를 알려주고 "X만큼 완성했어. 아주 잘했구나! 똑똑한데!" 등의 표현으로 아이들의 성과와 영리함을 칭찬했다. B그룹(노력 그룹)에는 "X만큼 완성했어. 정말 열심히 고민했구나!" 하고 노력을 칭찬했다. 그러고 나서 아이들에게 퍼즐이 즐거웠는지, 귀가한 뒤에도 해볼 의향이 있는지, 앞으로도 좋은 성과를 거둘 자신이 있는지 등의 질문을 했다. 배움에 대한 즐거움과 의지, 자신감 여부를 확인하기 위해서였다. 결론적으로 두 그룹에서 눈에 띄는 차이점이 발견되지는 않았다.

그런데, 한 번 더 기회가 주어진다면 훨씬 어려운 퍼즐을 풀고 싶은지, 같은 퍼즐을 풀고 싶은지를 물었을 때는 두 그룹의 답변이 완전히 달랐다. A그룹의 대다수는 지금과 비슷한 수준의 퍼즐을 선호한 반면, B그룹의 90%는 좀 더 어려운 퍼즐에

도전하고 싶다고 답했다. A그룹은 계속 똑똑한 아이로 보이기를 원했으나, 노력한 과정을 칭찬받은 B그룹은 더욱 분발하겠다는 의지를 내비친 것이다.

뒤이어 두 번째 실험이 이어졌다. 연구진은 같은 아이들에게 처음보다 어려운 퍼즐을 건넸다. 거의 모든 아이들이 첫 번째 실험에 비해 퍼즐을 맞추길 어려워했다. 실험이 끝난 뒤에 연구진은 아이들에게 똑같은 질문(배움에 대한 즐거움과 의지, 자신감을 알아보는)을 했다. 이번에는 A그룹과 B그룹의 답변에 커다란 차이가 있었다.

A그룹은 퍼즐 과제를 즐기지 못했고 집으로 들고 가서 해보겠다는 의지도 보이지 않았으며 지난번보다 낮은 성적에 자신감도 떨어져 있었다. 처음에 들었던 똑똑하다는 말에 갇힌 나머지 퍼즐을 완수하지 못했다는 결과에 상처를 입은 것이다.

한편, B그룹에서는 지난번보다 퍼즐이 즐겁다고 답했다. 집으로 들고 가서 해보겠다는 의지도 상승했으며 처음보다 성적이 떨어졌는데도 자신감에 상처를 입지 않았다. 오히려 이번엔 완성하지 못했으니 좀 더 노력하고 연습해야겠다는 동기부여로 이어졌다.

드웩 교수의 연구 결과는 아이들을 칭찬할 때 어떤 것에 주안점을 둬야 하는지를 잘 보여준다. 성과나 지식수준 자체를 칭찬하면 아이의 자신감이나 의지가 높아지기는커녕 정반대의 방향으로 흘러가기 쉽다. 끊임없이 아이의 의지를 북돋우려면 노력하는 과정이나 적극적으로 배우는 자세를 칭찬해야 하는 이유다.

상식 2. 하나부터 열까지 자세히 가르쳐준다 : 틀 짓기의 위험

아이가 새로운 것을 배우거나 모르는 문제와 마주했을 때 하나하나 알기 쉽게 설명해주는 것은 당연한 덕목처럼 굳어져 있다. 그러나 아이의 학습 효율을 생각하면 꼼꼼하게 가르치는 일이 결코 최선은 아니다. 오히려 아이가 호기심을 갖고 탐구하거나 주체적으로 배우려는 의지를 눌러버릴지도 모른다.

2011년에 매사추세츠공과대학교에서 실시한 연구를 살펴보자.

연구진은 유치원생들을 네 개의 그룹으로 분류하여 같은 장난감을 가지고 놀게 했다. 장난감에는 크게 4가지 기능이 있었는데, 그룹별로 장난감의 기능에 관해 조금씩 다르게 안내했다. A그룹에는 장난감의 기능 하나만 구체적으로 알려주고 다른 기능은 아예 알려주지 않았다. "자, 여기를 보세요. 잡아당겨서 돌렸더니 이런 소리가 나지요"라는 식으로, 연구진이 직접 기능을 시연하면서 두 번에 걸쳐 설명했다. B그룹에는 연구진이 같은 기능을 작동시키는 장면을 보여주기만 하고 자리를 떴다. "이것 보세요. 소리가 나네요! 이런, 옆 교실에 가봐야겠어요" 하고 말이다. C그룹에는 연구진이 별다른 설명 없이 장난감을 만지작거리다가 A그룹과 B그룹에 알려줬던 기능을 우연히 알아낸 것처럼 행동했다. "어머, 이 장난감 재밌겠죠? 이렇게 하고, 또 이렇게 하고. 앗, 들었나요? 소리가 났어요!" 하고 말이다. 마지막 D그룹에는 연구진이 어떤 말과 행동도 하지 않았다.

결과는 어땠을까?

장난감 기능에 대해 자세한 설명을 들은 A그룹의 유아들은 연구진이 알려준 기능만 가지고 조금 놀다가 바로 장난감을 내려놓았다. 반면 B~D그룹의 유아들은 나머지 3가지 기능도 발견해냈고 장난감을 가지고 노는 시간도 A그룹보다 길었다.[2]

이 실험에 참여했던 매사추세츠공과대학교의 인지과학자 로라 슐츠Laura E. Schulz 교수는 실험 결과에 대해, 분명하고 구체적인 설명이 아이들의 상상력을 제한한 자연스러운 반응이라고 해석했다.[3] 가르치는 방식이 자세하고 효과적일수록 아이는 그 지식이나 기술을 이미 습득했다는 만족감 때문에 더 배우려 하지 않는다. 사소한 부분까지 알려주어 아이의 흥미를 꺾어버리는 대신에 아이의 탐구심을 북돋우고 주체적으로 배우는 자세를 유도하는 것이 중요하다. B~D그룹을 향해 얼렁뚱땅 넘어가듯 설명한 방식은 그것이 모범적인가의 여부는 차치하더라도 아이의 탐구심을 끌어냈다는 점에서 주목할 만하다.

여기에서 한 걸음 더 나아가, 가르치는 행위의 또 다른 위험성에 관해 이야기해보려 한다. 기본적으로 교육은 가르치는 사람의 관점이나 가치관에 따라 배우는 사람의 사고를 제한하는 행위라는 점이다.

이제는 진부한 얘기가 되었지만, 콜럼버스의 신대륙 발견은 유럽인에게나 위업일 뿐, 그곳에 오래도록 터를 잡고 살던 원주민에게는 침략의 신호탄이나 다름없었다. 이렇듯 역사적 사실조차 누구의 시선에서 바라보고 서술하는가에 따라 해석이 크게 달라진다.

다른 예를 들어볼까? 기본적인 과학 법칙을 설명할 때에는 마찰력이나 물질의 순도를 기본값으로 가정하고 그 외의 사소한 변수를 생략해 단순화한 모델에서 시작하는 경우가 많다. 그런 이상적인 모델은 과학의 기초 지식을 익히는 데 도움을 주지만 현실 세계에는 거의 존재하지 않는다. 따라서 전제 조건을 제대로 이해하지 않으면 실제 실험을 했을 때 공기 마찰이나 불순물 혼합이 불러올 흔한 현상을 보고도 중대한 오류를 범할 위험이 있다.

가르치는 행위도 마찬가지이다. 사안이 무엇이든 각기 다른 시각이 존재할 수 있음에도 불구하고, 배움의 첫 단계에서는 일정한 틀로 규정된 지식을 접하게 된다. 그렇게 받아들인 편향된 지식이 학습하는 아이들의 가치관이나 세계관에 엄청나게 영향을 미치는 것이다.

누군가를 가르치는 행위는 새로운 지식이나 기술을 통해 상대의 시야를 확장시킬 수도 있지만, 동시에 상대의 생각이나 사물을 바라보는 관점을 제한해버릴 여지도 있다. 그러니 우리는 각기 다른 생각이나 다른 교육법, 다른 시각이 늘 존재한다는 것을 잊지 말아야 한다. 더불어 아이의 학습 방식과 생각을 존중하고 그것들을 억제하지 않으며, 다양한 관점을 어떻게 받아들이게 할 것인지에 치중해야 한다.

상식 3. 유명한 공부법은 따르고 본다 : 학습 궁합 판별하기

앞서 살펴봤듯이, 아이에게 특정 기준이나 틀을 지나치게 강요하지 않도록 조심해야 한다. 교재와 학습법도 예외는 아니다. 유명세가 높다는 이유로 아이에게 맞지 않는 것을 억지로 적용하려고 드는 순간 좋은 결과를 얻지 못한다.

"이 교재로 공부하면 다들 성적이 쑥쑥 오른다던데, 왜 너는 안 되는 거니?"

"그 학원은 소문이 안 좋으니까 다닐 필요 없어."

"명문대 수석 졸업생은 이렇게 공부했다더라. 오늘부터 너도 따라 해보렴."

혹시 무심결에 아이에게 이런 말을 하고 있다면 당장 멈춰라. 과학적 근거가 있든, 지인의 추천을 받았든 간에, 부모와 교사가 믿는 기준에 따라 특정 교재나 학습법을 아이에게 억지로 밀어붙이거나 기피하게 만들면 안 된다. 아이를 향한 관심과 애정이 깊을수록 좋은 것만 따르고 나쁜 것은 멀리하고 싶어지는 법이다. 그러나 정말로 초점을 맞추어야 할 곳은 아이들 각자의 요구와 주체적인 학습 태도다. 아무리 뛰어나다는 교재나 학습법이라도 아이에게 맞지 않다면 아이의 배울 의지와 재능을 짓눌러버릴 수밖에 없다. 일정한 방식이나 틀에 아이를 끼워 넣기보다 아이에게 딱 맞는 교재와 학습법을 발견하려는 자세가 중요하다.

훌륭한 교재, 완벽한 커리큘럼, 우수한 학교…… 여기에서 훌륭함, 완벽함, 우수함이란 표현이 무엇을 의미하는지 다시 한 번 생각해보기 바란다. 대다수 학생에게서 효과를 보았다거나 교육학 이론과 일치하고 유능하기로 정평이 난 거물급 강사가 보증한다는 식의 이유를 댈 수는 있다. 그러나 어떤 교재나 학습법이 대외적으로 높이 평가받고 다른 학생이 좋은 성과를 얻었다고 해서 우리 아이에게도 만족스러운 결과를 낼 수 있을지는 미지수이다. 기대한 만큼의 학습 효과를 거두는가의 여부는 지금 당신과 마주하고 있는 아이의 학습 진도와 능력, 의지에 좌우되기 때문이다.

학습의 주체인 아이를 향해 눈을 돌리자. 지금 쓰는 교재나 공부법이 좋다고 해도 아이에게 맞지 않다는 판단이 서면 새로운 방법을 찾아 나설 용기가 필요하다. 가장 뛰어나다고 이름난 학습 방법도 결국에는 수많은 선택지 중 하나에 불과하다는 것을 잊지 말자.

그렇다면 학습법이 아이에게 적합한지 어떻게 판별할까?

우선, 아이의 모습을 유심히 관찰해야 한다. 아이의 첫 반응이 좋지 않아도 걱정할 필요는 없다. 곧바로 원하는 결과가 나오지 않는다고 해서 아이를 재촉하거나 초조해하지 말라. 아이가 새로운 방식에 익숙해질 때까지 천천히 시간을 들이며 지켜보기 바란다. 초기 단계를 넘어서 조금씩 긍정적인 변화가 나타나거나 아이의 학습 태도가 적극성을 띠기 시작한다면 아이에게 잘 맞는 학습법이라고 할 수 있다. 하지만 시간이 흘러도 변화의 징후가 보이지 않고 아이의 의욕이 올라가지 않는다면 그것은 적합한 학습법이 아니다.

물론 아이와 학습 방법 사이의 궁합이 물과 기름처럼 명확하게 판가름되지 않을 때도 많다. 확실한 변화(아이의 성적이나 의지가 크게 향상되거나 반대로 아이가 줄곧 위축되어 있는 것처럼)가 나타나는 일이 있는가 하면, 이도 저도 아닌 애매한 회색 지대 같은 상황도 여럿 생긴다. 이때 구체적이고 주기적인 학습 진도 평가가 중요한 기준이 된다. 대략의 감상만으로는 회색 지대에 놓인 아이가 그 학습법과 맞는지를 제대로 가늠하기 어렵기 때문이다. 효과적인 학습 평가 방법은 자기평가self assessment에 관해 다룬 4장에서 자세하게 살펴보겠다.

배움의 주체인 아이에게 최적화된 학습 조건을 찾아내려면 어느 정도의 시행착오는 감수해야 한다. 아이에게 적절한 학습법은 하나가 아닐 수 있다. 지금의 학습법이 충분히 만족스러워도 나중에 훨씬 잘 맞는 학습법을 찾을 가능성은 얼마든지 있다. 시행착오를 두려워 말고 특정 학습법에 집착하지 않으면서 다른 여러 가지 방법을 시도해보자.

상식 4. 자기만의 공부 스타일을 고수한다 : 루틴 자체는 힘이 없다

흔히 부모들은 아이가 원하거나 자신 있어 하는 공부 스타일이 생긴 뒤에는 굳이 다른 방식을 시도할 필요가 없다고 생각한다. 근거가 아예 없는 믿음은 아닌데, 한때는 이것이 전문가들 사이에서도 정론으로 받아들여졌기 때문이다. 학습자가 선호하는 스타일로 확실하게 공부시켜야 한다는 주장은 과거에 지도 방침이나 교육 이론의 기본이 되었을 뿐 아니라 세계적으로 널리 퍼진 상식이었다.[4]

"도표 같은 시각 자료를 보면서 공부하는 게 훨씬 쉬워."

"글자를 소리 내어 읽어야 좀 더 빨리 외워지는걸."

"혼자 공부하는 것보다 남들과 토론하는 게 이해가 잘돼."

이처럼 아이마다 좋아하고 싫어하는 공부 방식이 있고 이에 맞춰 공부할 때 학습 효과가 극대화된다는 믿음은 지극히 당연한 상식처럼 자리 잡았다.

우리는 사실, 이 점에 주의해야 한다.

최근 발표된 인지과학 연구 결과를 보면, 학습자가 자신 있어 하는 방식을 적용해야 배움의 효율이 높아진다는 믿음에 과학적 근거가 없음이 밝혀졌다.[5] 인디애나대학교 의과대학 교수 밸러리 올로클린Valerie D. O'Loughlin에 따르면, 학습자가 자기와 잘 맞는다고 생각한 방식으로 공부를 하건 안 하건 실제 학업 성적에는 큰 차이가 없었다.[6] 다시 말해, 학생 스스로 자신의 공부 스타일이라고 믿는 것과 그 방식이 실제로 효과적인가의 여부는 별개의 문제이다. 그뿐만이 아니다. 뇌과학에 기반을 둔 최신 학습과학 연구는, 배움의 과정에서 특정 방식만 고수하는 것보다 다양한 방식을 시도하는 편이 기억력과 학습 효과를 향상시킨다는 사실을 증명했다.[7]

이렇듯 인간의 뇌는 매우 유연해서 새로운 상황에도 잘 적응하며, 특히 배움의 과정에서는 다양한 학습법을 따르는 것이 공부의 효율을 높이는 열쇠가 된다. 그러니 아이가 익숙함의 틀을 깨고 여러 방식으로 배워나가도록 지원해보자. 다양한 배움의 중요성은 4장에서 좀 더 자세하게 설명하겠다.

상식 5. 스트레스는 피할수록 좋다 : 하버드 교수의 스트레스 실험

스트레스는 몸과 마음의 건강에 지대한 영향을 미친다. 너무나 당연하게도, 극도의 스트레스를 주는 환경은 절대로 학습에 도움이 되지 않는다.

그러나 우리 모두는 안다. 스트레스를 완전히 제거하기란 현실적으로 불가능하다는 것을! 실제로 구현하기도 어렵지만 더 나은 학습 환경을 만들기 위해 '스트레스 제로'를 지향할 필요도 없다. 인지과학의 연구 성과 덕분에, 적절한 스트레스는 기억력과 집중력을 높이고 학습 효과를 끌어올린다는 사실을 알게 되었으니 말이다.[8]

스트레스로 인해 몸과 마음이 반응하는 것이 진화론적으로 유리하다는 견해도 있다. 주위 환경 때문에 스트레스를 받는다는 것은 어떤 형태로든 자신에게 위협이 가해지고 있음을 암시한다. 그런 스트레스 상태에서 우리의 몸과 마음은 일시적으로 강한 반응을 일으키는데, 이는 인간이 살아남기 위해 진화하면서 터득한 중요한 신체 기능이자 개개인의 DNA에 새겨진 생존 전략이다. 따라서 우리에게 필요한 것은 스트레스를 두려워하고 무조건 피하는 게 아니라 그것을 지혜롭게 다룰 수 있는 방법을 찾는 것이다.

요즈음 한창 인기몰이 중인 심리학자 켈리 맥고니걸Kelly McGonigal이 TED 강연 〈스트레스와 친구가 되는 법〉[9]을 통해 관련 연구 결과를 몇 가지 소개한 적이 있다.

하나는 위스콘신대학교 매디슨캠퍼스에서 진행된 연구로, 스트레스 여부보다 스트레스에 대처하는 자세가 더욱 중요하다는 것을 밝혀냈다.[10] 예를 들어, 고도의 스트레스를 받는 사람이 스트레스로 인해 자신의 몸과 마음 상태가 나빠질 거라는 생각에 빠졌을 때, 수명이 줄어들 확률은 평균보다 40% 이상 높다. 스트레스의 악영향을 의식하는 사람들은 그것을 개의치 않는 사람들에 비해 실제로 건강이 악화되어 고통받을 확률이 2~4배, 정신적 고통으로 괴로워할 확률이 2~5배로 뛰어오른다.

한편, 스트레스에 긍정적 마음가짐으로 대처하면 스트레스의 악영향이 줄어든다는 연구 결과도 있다. 맥고니걸 박사가 TED 강연에서 인용한 또 다른 연구는, 하버드대학교 심리학 교수인 매슈 녹Matthew Nock이 발표 상황에서 사람들의 반응을 살핀 실험이다.[11]

스트레스를 감지하면 우리 몸은 다양한 스트레스 반응을 일으킨다. 여러 사람 앞에서 발표하기 전에 긴장한 나머지 심장이 거세게 요동치는 것도 스트레스 반응 중 하나다. 녹 교수의 연구진은 피험자들을 두 개의 그룹으로 나눈 뒤, 발표 시작 전에 그룹별로 다른 메시지를 전달했다. A그룹에는 긴장을 비롯한 스트레스 반응의 의학적 측면을 설명하면서 좋은 성과를 올리기 위한 몸과 마음의 자연스러운 반응이라고 격려했다. 반대로 B그룹에는 어떠한 의학적 설명 없이, 긴장 같은 스트레스 반응을 피하려면 짐작 가는 요인을 무시해야 한다고 조언했다.

발표가 끝난 후 연구진은 피험자들의 신체 반응을 살펴보았다. A그룹에 속한 피험자는 B그룹의 피험자보다 심폐기능 저하가 적었고 높은 집중력을 보였다. 이 말인즉, A그룹에 설명한 대로 스트레스를 긍정적으로 받아들인다면 스트레스로 인한 실패를 줄이고 몸과 마음을 건강하게 유지할 수 있다.

이와 비슷하게, 시험을 앞둔 사람에게 스트레스 반응이 좋은 성적으로 이어질 거라고 알리면, 몸에 가해지는 스트레스 반응이 감소하고 시험 성적이 오른다는 연구 결과도 보고되었다.[12]

일련의 연구 결과들이 우리에게 시사하는 바는 분명하다. 스트레스를 긍정적으로 받아들이는 첫걸음은 적절한 스트레스 반응이 스스로에게 좋은 효과를 줄 수 있음을 이해하는 것이다. 여기까지 읽은 독자라면 그 중요성을 깨우쳤을 테니, 스트레스와 긍정적인 마음가짐의 균형을 맞추는 첫 번째 과제를 무사히 완수한 셈이다.

스트레스에 지혜롭게 대처하기 위해 고안된 방법은 이외에도 여러 가지가 있다. 예컨대 스트레스 자체를 느끼기, 그것을 스트레스라고 느끼는 이유를 생각하기, 특정 상황에서 어떻게 스트레스를 받는지를 시뮬레이션하며 가상의 시나리오를 짜보기, 목표를 설정해 집중하기 등을 들 수 있다. 스트레스가 쌓였을 때 휴식을 취하거나 웃어넘기거나 몸을 움직이면 효과가 있다는 것은 우리도 이미 알고 있는 사실이다. 다양한 스트레스 관리 기술이 있으므로 스스로 탐구하고 시도하면서 적절한 방법을 찾아 아이와 함께 실천해보자.

마지막으로 스트레스가 쌓여서 조금이라도 괴로움을 느낀다면 당황하거나 주저하지 말고 의사나 전문 상담사를 찾기 바란다. 스트레스는 현대인이라면 누구나 안고 있는 숙제다. 도움이 필요한 상황은 부끄러워할 일이 아니며, 아이나 부모의 능력이 부족하다는 신호도 아니다. 적절한 도움을 받아 아이의 학습 능력을 최대한으로 끌어낼 수 있도록 하자.

상식 6. 성적표는 거짓말하지 않는다 :
시험의 쓸모란 무엇일까

"당신에게 가장 큰 스트레스를 주는 것은 무엇인가요?"

이 질문에 거의 모든 학생들이 같은 답변을 내놓을 것이다. 바로 시험이다. 문득 이런 궁금증이 인다. 이렇게나 학생들이 괴로워하는데 시험을 꼭 치러야 할까? 그래야만 한다면 이유는 무엇일까?

시험의 가장 단순한 목적은 현재 학습자의 이해도나 실력을 가늠하는 것이다. 세상에는 무수히 많은 시험이 존재한다. 국가에서 주관하는 표준 학력 평가에서부터 다양한 단체에서 시행하는 자격시험, 학생이라면 한 번쯤 거쳐야 하는 입학시험과 기말고사에 이르기까지 종류도 여러 가지이다. 시험의 대상이나 용도는 조금씩 다르지만, 수험생들의 실력을 측정하는 수단으로 쓰인다는 점은 같다. 이런 믿음은 얼핏 상당히 합리적으로 보이는데, 중고등학생의 입시와 직결되는 학력 평가 시험의 현실을 살펴보면 논란의 여지도 많다.

예를 들어, SATScholastic Assessment Test나 ACTAmerican College Testing처럼 미국의 주요 대학 입학에 필요한 표준화 시험 점수는 학생의 학력보다 부모의 수입과 매우 밀접하게 맞물려 있다는 지적을 종종 받는다.[13] 문제는 또 있다. 앞서 이야기했듯 스트레스의 종류나 이에 대처하는 자세에 따라 시험 결과는 크게 달라질 수 있다. 시험을 치를 때의 몸 상태 또한 간과할 수 없는 요소이다. 시험 점수란 결국 시험에 얼마나 익숙한가를 보는 지표에 불과하다는 식의 견해도 적지 않다. 한마디로, 시험 결과는 부모의 수입과 스트레스 관리, 당일의 컨디션, 시험 적응력 등 수험생의 학력이나 이해도와 상관없는 조건들을 짙게 반영하고 있는 셈이다.

그럼에도 불구하고, 시험이 존재하는 건 현실이다. 시험으로 무엇을 측정하건 간에 시험을 치러야 한다는 사실은 달라지지 않는다. 시험을 통해 근본적으로 어떤 학습 효과를 낼 수 있는지 알아보려는 이유도 여기에 있다.

시험이 누군가의 학력 수준을 가늠하는 데 한계가 있다면, 시험의 진정한 쓸모는 어디에서 찾을 수 있을까?

최근의 학습과학 연구에 따르면, 시험은 최고의 학습 기회를 창출하는 도구이다. 시험을 준비하고 치르는 동안 수험생은 지금까지 배운 내용에 관한 기억을 어떻게든 불러내야만 한다. 이러한 기억 일으키기는 고도의 학습 효과를 이끄는 열쇠가 된다.[14]

미국 퍼듀대학교에서 시행된 연구를 살펴보자. 기억 일으키

기에 바탕을 둔 학습법과 그 외 전통적인 학습법의 효과를 비교하는 실험이다.[15]

연구진은 학생들을 세 개의 그룹으로 나누고 똑같은 교재로 공부하게 했다. 단, 그룹별로 다른 공부법을 적용했는데, A그룹은 반복 읽기, B그룹은 도표 등을 이용한 노트 정리, C그룹은 쪽지 시험으로 교재 내용을 떠올리는 방식이었다. 일주일 뒤에 연구진은 각 그룹의 학생들을 상대로 시험을 쳤다. 결과는 어땠을까? C그룹에 속한 학생들의 성적이 월등하게 높았다. 특정 시대의 연호를 외워야 풀 수 있는 암기 문제뿐 아니라 사고력이 필요한 응용문제에서도 결과는 같았다.

연구 결과가 시사하는 바는 분명하다. 지금과 같이 시험을 아이의 실력을 살피는 용도로만 쓴다면 우리는 2가지 맹점에 빠질 수밖에 없다. 첫째는 시험으로 실력을 정확히 측정하지 못한다는 점이고, 둘째는 시험의 가장 큰 강점을 써먹지 못한다는 점이다.

그렇다면 시험을 통해 아이에게 최고의 학습 기회를 제공하려면 어떻게 해야 할까? 미국 밴더빌트대학교 교수센터의 공식 웹사이트[16]에는 시험으로 공부의 효율을 극대화하는 4가지 요령이 소개되어 있다.

1. 무엇을 배웠는지 조금씩 떠올릴 수 있도록 쪽지 시험을 친다.

2. 배운 내용을 기억하면서 정리하는 습관을 들인다.

3. 공부하기 전에 앞으로 배울 내용의 진단 테스트를 본다.

4. 시험이나 기억 훈련이 장기 기억이나 학습 효과 상승으로 이어진다는 사실을 인지한다.

지금 당장이라도 시작할 만한 방법들이다. 특히 네 번째 항목은 오늘 아이와 이야기를 나누면서 시도해보면 어떨까?

상식 7. 반복 학습이 결과를 만든다 : 풀이 속도보다 중요한 것

학생들에게 시험만큼이나 친근한 것이 바로 반복 학습이다. 말 그대로 유형은 같지만 숫자만 다른 비슷한 문제들을 몇 번이고 푸는 과정으로, 특정 기술이나 지식을 습득하는 데 주된 목적이 있다. 특히 덧셈과 뺄셈, 도형, 글자 익히기 등 유아나 초등학생들의 교육에 활용되어 다양한 학습 효과를 낸다. 이러한 '비슷한 문제의 반복 풀이' 기법은 기본기를 탄탄하게 다지는 수단으로 폭넓게 활용되며 학습의 필수 요소로 자리 잡았다.

그런데 너무나 당연해 보였던 반복 학습법이 결코 만병통치약은 아니라는 증거들이 최근 들어 나오고 있다. 반복 연습이 학습에서 빼놓을 수 없는 과정임은 분명하지만 그 방식을 살펴보면 대부분 반복 횟수나 풀이 속도에 지나치게 치우쳐 있다. 빠른 속도로 정답을 맞힌다는 것. 10회, 20회, 그 이상으로 풀이를 거듭하며 문제 유형에 익숙해지고 패턴을 익히면 사실 불가능한 일은 아니다. 그러나 단순 계산이나 암기 문제를 단숨에 푸는 것만으로는 사고력과 이해력을 향상시킬 수 없다. 오히려 비슷한 문제를 정해진 방식으로 풀이하는 습관이 배어서, 유연하게 생각하는 힘이나 사물을 다른 관점으로 보는 능력은 줄어들지도 모른다.

빠른 문제 풀이 기술과 지긋이 생각하는 습관은 뇌과학적으로도 다른 활동이다. 스탠퍼드대학교 교육대학원 교수 조 볼러Jo Boaler는 이 점을 지적하며 위대한 수학자의 사례를 몇 가지 들었다. '수학계의 노벨상'으로 불리는 필즈상 수상자 중에는 어렸을 때만 해도 계산이 느려 학습 장애나 수학 부진아라는 꼬리표를 달고 다닌 학자들이 있다는 것이다.[17]

그렇다면 지긋이 생각하는 힘은 어떻게 기를 수 있을까?

볼러 교수는 주어진 문제를 다양한 방식과 접근법으로 풀어볼 것을 권장한다.[18] 이는 미국의 교육 현장에 상당 부분 적용된 방식이기도 하다.

산수를 예로 들어보자. 같은 유형의 문제 20개를 푸는 대신, 다섯 문제만 골라 각 문제를 4가지 방식으로 풀어가는 것이다. 이러한 풀이 방식이 학습 효율을 향상시킨다는 사실은 뇌과학 연구로도 입증되었다. 문제를 여러 방향으로 이해하는 훈련을 거듭하다 보면 생각이 유연해지고 하나의 방법이 통하지 않아도 다른 방법을 모색하는 습관이 생긴다.

물론 스무 문제를 빠른 속도로 술술 풀어가는 편이 학습에 동기부여가 될 수는 있다. 그래서 많은 교사와 부모, 학생들이 압도적인 문제 수를 앞세운 교재에 의존하기도 한다. 그러나 두툼한 문제집을 단숨에 독파한다고 해서 학습의 질이 높아지는 것은 아니다. 특히 사고력이나 이해력은 반복 연습만으로는 습득하기 어렵다. 무엇에든 균형이 필요하다. 이제라도 다양성이 존재하는 공부법을 따라야 하는 이유다.

상식 8. 공부는 혼자 하는 것이다 : 사회뇌의 위력

코로나19 여파로 세계 각국에서 온라인 수업이 도입됨에 따라

많은 부모들은 아이의 학습 환경을 새롭게 정비해야 했다. 아이만을 위한 공부방이 따로 있다면 그야말로 행운이다. 한집에서 가족과 공간을 공유하며 아이가 집중할 수 있는 조용한 환경을 조성하기란 여간 힘든 일이 아니다.

공부는 혼자 조용히 집중해서 해야 한다는 것은 지극히 자연스러운 생각이다. 굳이 팬데믹 상황을 갖다 댈 필요도 없다. 친구와 쓸데없는 잡담만 하다가는 학습 효과를 내기 어려운 것은 분명한 사실이다. 그러나 '혼자서 조용히' 공부법에 지나치게 집착하면 훨씬 효과적인 학습 기회를 놓쳐버릴지도 모른다. 뇌과학 연구에 따르면, 협업collaboration이야말로 학습에 매우 중요한 활동이기 때문이다.

우리의 일상은 다른 사람과의 대화와 협업으로 넘쳐난다. 그런 인간의 사회성을 담당하는 뇌의 영역을 '사회뇌'라고 부르며, 지금까지 많은 연구의 대상이 되어왔다. 예를 들어, 다른 사람과 협업을 하는 동안에는 사회뇌의 일부인 전두두정엽 네트워크Frontal-Parietal Network, FPN*가 활성화하여 생각이나 행동을 제어하는 특수 부위인 전전두엽 피질Prefrontal Cortex, PFC의 활동을 촉발한다. 협업이 학습에 효과적이라는 사실이 뇌과학적

* 기억력과 사고력 등을 담당한 전두엽과 운동 명령을 내리는 두정엽 사이의 연결망.

으로 입증된 것이다.[19] 이처럼 사회뇌를 깨우지 않고서는 최고의 학습 효과를 얻기 힘들다.

학습과 협업의 깊은 상관관계는 아이들의 시험 성적에서도 드러난다. 국제학업성취도평가Programme for International Student Assessment, PISA(이하 PISA)의 보고를 살펴보자.

PISA는 경제협력개발기구Organization for Economic Cooperation and Development, OECD에서 3년마다 전 세계 15~16세 청소년들의 학업 성취도를 평가하기 위해 실시하는 시험이다. 독해력과 수학·과학 분야의 학력이 주된 평가 대상이었는데, 2015년부터 협력적 문제 해결 능력Collaborative Problem Solving, CPS(이하 CPS)을 알아보는 시험이 추가로 도입됐다. 여러 사람이 서로의 지식과 정보를 공유하며 함께 문제의 해결책을 찾아내는 형식인데, 2015년 CPS 결과와 통상적인 PISA 결과가 밀접한 연관성을 보인다는 보고가 발표되었다. 기존에 PISA 점수가 최상위권인 학생들은 CPS 시험에서도 탁월한 결과를 냈고, 반대로 PISA 점수가 하위권인 학생들은 CPS 역량도 떨어지는 경향이 두드러졌다.[20]

사회뇌가 학습에 긴밀하게 영향을 미친다는 점을 보여주는 한 연구를 살펴보자.

연구진은 학생들을 두 개의 그룹으로 나눠, 일상 행동에 관한 글을 읽게 하고 그룹별로 다른 지시를 내렸다. 한쪽 그룹에는 글의 내용과 관련된 기억력 테스트를 시행할 테니 집중해서 글을 읽으라고 했다. 다른 그룹에는 글에 적힌 일상 행동과 어울리는 실제 인물을 상상해보라고 했다.

그러고 나서 두 그룹의 학생들을 상대로 기억력 테스트를 시행했다. 그 결과, 기억력 테스트를 의식하며 공부한 그룹보다 인물을 떠올리면서 글을 읽은 그룹이 월등히 높은 성적을 거뒀다. 협업의 대상으로 누군가를 상정하고 떠올리기만 해도 사회뇌가 작동하여 기억력이 향상되는 것이다.[21]

기성세대가 경험한 전통적인 교육도 협업 학습이라는 관점에서 다시 생각해볼 수 있다. 예컨대, 다른 사람에게 가르쳐줄 목적으로 공부하면 시험에서 고득점을 얻기 위해 공부했을 때보다 훨씬 효과적이다.[22] 학생들끼리 서로 가르치고 배우는 동료 튜터링peer tutoring도 큰 도움이 된다. 동료 튜터링의 장점은 가르치는 쪽과 배우는 쪽 모두 학습 효과가 오른다는 것인데, 특히 가르치는 학생의 학습 효과가 높은 것으로 나타났다.[23]

아이가 친구와 함께 공부하고 싶다고 하면 부모 입장에서는 놀기만 하지 않을까 하는 걱정이 앞설 수 있다. 공부는 혼자 조용히 집중해서 해야 한다는 생각도 일리는 있다. 그러나 여러 명이 함께하는 그룹학습의 절대적 효과는 뇌과학과 심리학 연구 결과로 이미 증명되었다. 그룹학습은 별다른 쓸모가 없다고 아이를 몰아붙이기보다, 오히려 그것이 놀이나 잡담으로 끝나지 않도록 어떻게 도울 수 있을지 고민해야 한다. 만일 여건상 그룹학습이 어렵다면, 아이가 배운 내용을 가족에게 설명하는 자리를 마련하는 것도 좋다. 사회뇌를 활성화시켜 학습 효과를 높이기에는 충분하니 말이다.

부디 이 책을 계기로, 얼핏 효과적으로 보이지만 실제로는 역효과만 불러오는 잘못된 학습 상식들을 고쳐나가길 바란다. 스탠퍼드온라인고등학교를 설계하는 과정에서도 이처럼 위험한 학습법이나 공부 습관을 과감하게 개선하는 작업이 이루어졌다. 이 미래형 학교의 비밀은 다음 장에서부터 철저하게 해부하겠다.

학교의 원칙을

무너뜨려라

가르침에서 배움으로 눈을 돌리면 보이는 것들

스탠퍼드온라인고등학교의 설립에 처음 발을 들였던 순간은 지금까지도 생생하다.

스탠퍼드대학교 철학부에서 박사과정을 마치기까지 1년가량 남았을 때였다. 박사 논문은 미리 끝내고 난 뒤라 남은 시간 동안 무엇을 하며 보낼지 궁리하던 중이었다. 그러던 어느 날, 대학원 동기가 고등학생을 위한 철학 교과과정을 만드는 프로젝트가 있다면서 참여할 의향이 있는지 물어왔다. 미국에서는 일본과 마찬가지로 대학교에 입학하고 나서야 철학을 본격적으로 배우기 시작한다. 철학을 공부하는 연구자로서 철학의 저변을 넓히고 싶었던 내게 친구의 이야기는 강렬한 호기심을 불러일으켰다.

"스탠퍼드대학교에 온라인 고등학교를 세우기로 했어. 철학이 필수과목 중 하나인데 네가 철학 커리큘럼을 기획해보면 어때?"

당시만 해도 실리콘밸리 일대에서 온라인 교육은 큰 화젯거리였다. 고등학생을 위한 철학 수업과 유행의 중심에 있는 온라인 교육의 조합이라니. 흥미와 관심이 절로 차올라서 곧바로 그 프로젝트에 참여하기로 했다.

앞에서도 말했지만, 평소 내 성격이나 행동을 돌아보면 엄두도 못 낼 모험이자 도전이었다.

그즈음 나는 논리학 연구에 매진하면서 대학생과 대학원생을 가르치고 있었다. 그런데 스탠퍼드대학교에 다니는 학생들은 너무나 똑똑했다. 누가 가르치든 그들은 알아서 배움의 지평을 넓혀갔지만, 나는 별다른 보람을 느끼지 못했을뿐더러 선생으로서 한계와 회의감에 젖어 있었다.

그래서인지 온라인 고등학교의 철학 교과과정을 만드는 일은 구름 위에 올라탄 듯 순조롭게 이어졌다. 문제에 봉착한 것은 학기가 시작될 무렵이었다. 막상 학생들을 가르쳐야 할 순간이 다가오자 갑자기 불안감이 엄습했다. 고등학생을 가르친 적도 없는데 심지어 온라인 수업이라니! 가르치는 일에는 영 소질이 없다는 생각이 들자 수업에 들어가기가 두려워졌다. 그렇다고 도중에 포기할 수도 없었다. 대학원생으로서 생계유지를 위한 자금도 필요했기에, 마음을 다잡고 나의 교육 알레르기와 싸워야 했다.

웬걸? 막상 학기가 시작되고 나니 처음의 불안과 걱정은 온데간데없이 사라졌다. 배움을 거듭할수록 아이들이 변화해가는 모습을 지켜보면서 가르치는 일에 열정마저 솟아올랐다.

그렇게 스탠퍼드온라인고등학교에서의 첫해를 온 힘을 다해 달리며 보냈다. 아르바이트 정도로 시작한 일이 언제부터인가 평생 직업이 될 것 같은 확신이 들었다. 나의 고질적인 교육 알레르기와 철학자로서의 경력은 잘못된 교육 상식들을 바로잡아야겠다는 결심으로 이어졌다. 실제로 스탠퍼드온라인고등학교에 몸담고 있는 동안 '학교는 이래야 한다'는 통상적인 원칙들을 제거해나갔다. 그중 주요한 교육개혁 몇 가지를 소개해보려 한다.

강의하지 않는 교사, 필기하지 않는 학생

"수업을 없앴다고? 수업이 없으면 학교가 아니잖아!"

지당한 말씀이다. 그러나 스탠퍼드온라인고등학교는 설립 당시부터 학생과 교사가 온라인을 통해 한곳에 모이는 실시간 수업을 채택했다. 우리가 가장 먼저 떨쳐버린 학교의 원칙은 공교육 현장에서 흔히 발견되는 강의식 수업이다.

나는 일본에서 공립 초등학교를 졸업했다. 그림에 나름대로 소질을 보여서 때때로 지역 대회에서 표창을 받기도 했다. 그중에 '지루한 수업'이라는 제목을 붙인 그림이 있었는데, 교실에서 교과서를 들고 먼 곳을 응시하는 내 모습을 그린 것이었다. 뭐라 형용하기 힘든 무표정한 얼굴과 무기력한 분위기는 한눈에도 수업에 재미를 느끼지 못하는 학생의 전형을 보여주었다. 그런 비판적인 그림에 상을 주다니, 꽤나 개방적인 곳에서 자랐구나 싶어 묘한 자부심마저 들었다.

그림 속에서 내가 바라보는 곳에는 수업을 이끌어가는 선생님이 있었을 것이다. 교사가 칠판 앞에 서서 열심히 교과서에 실린 내용을 설명하고, 이따금 연습 문제 풀기나 반복 연습 등의 과제를 냈을 것이다. 그야말로 전형적인 강의식 수업의 풍경이다.

강의식 수업 방식에는 이점이 많다. 학생 수가 많아도 수업을 진행할 수 있고, 수업 진도를 짜기도 용이해서 주어진 교재를 효율적으로 활용할 수 있다. 그래서 수십 명, 때로는 수백 명에 이르는 대규모 인원을 표준 교육과정에 따라 지도해야 하는 공교육 현장에 필수적으로 적용되어왔다.

그러나 강의식 수업은 정작 학생들에겐 높은 장벽으로 작용한다. 집중력에 관해 먼저 살펴보자. 여럿에게 둘러싸인 환경에서 장시간 동안 지치지 않고 수업에 귀를 기울이기란 성인에게도 쉬운 일이 아니다. 여기에 필기 방식이나 요점 정리법을 비롯한 각종 학습 기법까지 뒷받침되어야 한다. 강의식 수업에서는 교사가 각각의 학생에게 충분한 시간을 할애할 수 없기 때문에, 학생 스스로 동기부여를 하고 일련의 기법을 갖추지 못하면 학습 효과를 높이기 어렵다. 무엇보다 교사가 중심이 되는 수업 방식의 특성상 학생들은 수동적 태도를 취할 수밖에 없다. 그 와중에 학구열과 집중력도 유지해야 하니 수업 내용을 따라가는 게 결코 간단하지 않다.

그런 점을 감안해 스탠퍼드온라인고등학교에서는 전통적인 강의식 수업을 폐지했다. 그 대신, 세계 최초로 온라인 반전수업flipped learning을 도입했다. 기존의 강의식 수업에서는 교사가 교과서 내용을 설명하면 학생은 방과 후에 배운 내용을 토대로 숙제를 하거나 연습 문제를 푼다. 반면에 반전 수업은 학생이 수업 내용을 미리 예습하고 수업 시간에는 토론을 진행하거나 문제 풀이를 하는 참여형 학습을 지향한다. 개념이나 이론에 관한 설명은 교사의 동영상 강의로 제공되는데, 교과서 예습과 더불어 수업 전에 학생들이 시청하게끔 체계가 짜여 있다.

반전 수업은 수업 중 강의와 방과 후 개인 학습이라는 전통적인 형태를 말 그대로 반전시킨 교육법이다. 최근 세계 여러 교육기관의 주목을 받고 있는데, 실제로 미국과 일본에서는 반전 수업을 교육 현장에 적용한 사례가 늘고 있다.

스탠퍼드온라인고등학교에서 강의식 수업을 없애고 소규모 세미나형 수업을 도입한 이유는 분명하다. 모든 수업이 온라인으로 진행되기에 현장 수업보다 더욱 적극적으로 학생들의 참여를 유도해야 했기 때문이다. 온라인 반전 수업에 대해서는 2장에서 자세하게 설명하겠다.

나이보다 학년에 주목해야 하는 이유

"어머, 벌써 중학교 2학년이야? 열네 살? 아니, 열다섯인가?"

명절이나 가족 모임을 계기로 오랜만에 친척들을 만나면 흔하게 오가는 말이다. 그러나 스탠퍼드온라인고등학교의 학생에게는 이런 질문이 통하지 않을지도 모른다. 우리 학교는 나이를 기준으로 학년을 나누지 않기 때문이다.

스탠퍼드온라인고등학교 학생들은 나이가 아니라 학업 성취도나 학습 계획에 맞춰 직접 자신의 학년을 지정한다. 이른

바 월반*을 하는 학생도 어렵지 않게 볼 수 있는데, 아홉 살에 입학한 학생도 있다.

사실 조금만 생각해보면 학년제만큼 '불공평한 공평'은 없다. 일본뿐 아니라 여러 나라의 공교육기관에서 학년제를 채택하고 있는데, 모든 학생에게 동등하게 적용된다는 점에서 얼핏 공평해 보인다. 그러나 같은 학년이라도 짧게는 몇 개월에서 길게는 1년까지 나이 차가 생긴다. 학생들이 살아온 배경이나 학습 상황, 목표 등도 저마다 다르다. 이런 점들을 간과한 채 배움의 단계를 학년이라는 일률적 기준으로 구분 짓고 교육을 효율화하려는 제도가 학년제이다. 지금까지 학년제는 한정된 자원으로 다수의 학생을 지원해야 하는 공교육에 필요한 장치라고 인식되어왔다. 모두가 같은 규칙 아래 같은 교육을 받는다는 점에서 공평하기는 하지만, 능력이나 학습 니즈가 다른 학생들이 획일화된 교육을 받는다는 점에서는 불공평하며 자의적이라는 생각마저 든다.

학생 스스로 자기에게 맞는 학습 방식을 설계하는 것, 나는 그런 교육을 실현하고 싶었다. 이러한 의지는 스탠퍼드온라인고등학교의 강령 중 하나인 '당신의 배움을 디자인하라Design

---

• 성적이 뛰어나 몇 단계 높이 건너뛰어 학습하는 것.

Your Learning'에서도 엿볼 수 있다. 그렇게 우리 학교는 학생 하나하나의 목표와 필요에 맞춰 학습을 지원하는 시스템을 구축했다.

나이에 따른 학년제를 폐지한 것은 그런 시도 중 하나였다. 그 대신, 학업 성취도나 학습 목표에 따라 학년을 구분하는 제도를 만들었다. 스탠퍼드온라인고등학교는 7학년(일본의 중학교 1학년)부터 12학년(일본의 고등학교 3학년)까지 어느 학년으로도 입학이 가능하다. 입학을 지원할 때 학생이 희망하는 학년을 제출하면, 학교에서는 심사 단계에서 학생이 충분히 준비되어 있는지, 학습 계획서에 기술된 졸업 연도에 맞추어 졸업이 가능한지 등을 판단해 학년을 결정한다. 물론 나이도 중요한 기준 중 하나이지만, 모든 요소를 종합적으로 판단해 학년을 정하는 것이다.

입학 뒤에도 '당신의 배움을 디자인하라'는 슬로건은 유효하다. 모든 재학생들은 주기적으로 학습 목표와 학습 진도에 관해 상담 교사와 이야기를 나눈다. 필요하다면 같은 학년의 수업을 다시 수강하거나 학습 계획의 실행 속도를 높여 상위 코스를 이수하기도 한다.

과외활동을 통해 학교생활의 즐거움을 북돋는 것도 빼놓을 수 없다. 학생들은 스포츠와 예술 등 다양한 과외활동을 학업과 병행하며 자신의 목표를 주도적으로 설정하고 계획한다.

모두를 위한 교육과정은 없다

스탠퍼드온라인고등학교에서 학년이란, 몇 년 후에 졸업하게 될지 학생 스스로 가늠하는 지표에 불과하다. 학년이 같다고 해서 똑같은 교과과정과 똑같은 코스를 이수하지도 않는다. 즉, 이 학교에는 모든 학생에게 적용하는 공통의 커리큘럼이 존재하지 않는다.

다음은 우리 학교에 다니는 짐과 케이티가 이수해야 할 과목을 정리한 표이다. 짐과 케이티는 10학년(일본의 고등학교 1학년)이지만 둘의 커리큘럼에는 큰 차이가 있다. 유일하게 겹치는 과목은 10학년 과정의 필수과목인 과학사와 철학이다.

영문학II와 라틴어I는 일본으로 치면 고등학교 1학년 수준의 수업이다. AP 물리는 대학교 물리학 입문 과정이고, 선형대수학은 스탠퍼드대학교 수학과에 개설된 수업과 커리큘럼이 같다. 짐이 선택한 과목을 보니 아마도 그는 이과 분야에 자신 있는 모양이다. 더불어 10학년임에도 그가 이미 대학생 수준의 수업을 듣고 있음을 알 수 있다.

짐	케이티
과학사와 철학	과학사와 철학
영문학 II	모더니즘 문학
라틴어 I	스페인어 V
AP*물리	대수 II
선형대수학	화학 입문

반면에 케이티의 관심 분야는 인문학에 가까운 것 같다. 대수II 및 화학 입문은 (일본의) 고등학교 1학년, 모더니즘 문학은 대학생 수준의 수업이다. 게다가 스페인어V는 대학교 스페인어 입문 과정인 스페인어IV보다 한 단계 높은 수업으로 주로 스페인 문학을 공부한다.

짐과 케이티처럼 학생마다 커리큘럼이 크게 차이 나는 것은 스탠퍼드온라인고등학교에서 흔하게 볼 수 있다. 학생들의 교과과정은 같은 학년이라도 매우 다양하다. 오히려 서로 다른 학생이 같은 과정을 이수하는 것이 드문 사례에 속한다.

이러한 학습 계획의 다양성은 '당신의 배움을 디자인하라'

• 대학 과목 선이수제Advanced Placement. 대학교 과정을 고등학교에서 미리 수강해 대학교의 학점을 미리 취득할 수 있는 인증 시험 또는 교과과정.

는 슬로건에 따른 것으로, 학생들의 학습 욕구가 얼마나 다양한가를 다시금 확인하게 해준다.

학생의, 학생에 의한, 학생을 위한 시간표

'당신의 배움을 디자인하라' 정신은 시간표 설계에서 절정을 이룬다. 서로 다른 학생이 같은 코스를 밟는다고 해서 같은 시간에 같은 수업을 들어야 하는 것은 아니다.

　스탠퍼드온라인고등학교에서는 소규모 인원으로 세미나형 수업을 진행하기 때문에, 수강생이 많은 경우 같은 코스라도 수업을 여러 시간대에 분산시킨다. 세계 각지의 학생들이 시차 문제에 시달리며 수업에 참여할 필요가 없는 것이다. 예컨대, 미국 서부에 거주하는 짐에게는 아침 6시 수업이 이를지도 모르지만, 표준시가 세 시간 느린 미국 동부에서는 아침 9시에 수업이 시작하는 셈이라 이곳에 거주하는 케이티에게는 알맞을 수 있다.

　많은 경우 학교에서 정한 시간표에 학생이 일정을 맞추는 게 일반적이지만, 스탠퍼드온라인고등학교는 이와 정반대로 돌아간다. 매년 시간표 작성 기간이 되면 학생들은 수면 시간과 방과 후 활동 등을 정리한 일정표를 제출한다. 학교는 학생들의 일정과 각국의 표준 시간대, 교사의 일정을 취합해 컴퓨터 프로그램으로 최적화하는 과정을 거친다. 학생 하나하나에 맞춘 수업 과정을 산출하는 것이다. 이를 통해 학생은 학업과 과외활동을 아우르는 균형 잡힌 생활을 설계할 수 있다. '당신의 배움을 디자인하라'뿐 아니라 '당신의 삶을 디자인하라Design Your Life'는 슬로건까지 충족시키기 위한 대대적인 개혁이었다.

다음은 짐과 케이티가 실제로 짠 시간표이다.

스탠퍼드온라인고등학교 졸업장을 받을 수 있는 풀타임 등록생은 짐과 케이티처럼 학기마다 평균 다섯 과목을 이수해야 한다. 그리고 과목당 세미나 수업을 주 2회 들어야 하는데 월요일·수요일 또는 화요일·목요일 중 선택할 수 있다.

짐과 케이티의 시간표를 살펴보자. 짐은 월요일과 수요일, 케이티는 화요일과 목요일마다 과학사와 철학 세미나 수업을 듣는다. 하나 눈에 띄는 부분은, 짐의 라틴어 수업과 케이티의 스페인어 수업이 월요일·수요일, 화요일·목요일에 모두 들어가 있다는 점이다. 이를 통해 어학 과목은 예외적으로 월요일~목요일 4일 내내 수업이 열려 있다는 것을 유추해볼 수 있다.

자율 학습으로 배정된 시간에는 다음 수업을 준비하거나 그룹학습 또는 프로젝트 과제를 수행한다. 참고로, 자율 학습을

서부	짐		케이티		동부
	월요일 수요일	화요일 목요일	월요일 수요일	화요일 목요일	
0:00	수면		수면		3:00
1:00			수면		4:00
2:00					5:00
3:00	수면		조깅		6:00
4:00			자유 시간		7:00
5:00					8:00
6:00			자율 학습	과학사와 철학	9:00
7:00				화학 입문	10:00
8:00	자유 시간		발레 교습		11:00
9:00	과학사와 철학	자율 학습	발레 교습		12:00
10:00	자율 학습				13:00
11:00	영문학 II				14:00
12:00	자율 학습				15:00
13:00	라틴어 I	라틴어 I	자율 학습	자율 학습	16:00
14:00	자율 학습	자율 학습	스페인어 V	스페인어 V	17:00
15:00	선형대수학	AP 물리	자율 학습	자율 학습	18:00
16:00	가라테 수업	자유 시간	모더니즘 문학	대수 II	19:00
17:00	가라테 수업	바이올린 교습	자율 학습		20:00
18:00			자유 시간		21:00
19:00	자유 시간		수면		22:00
20:00					23:00
21:00					0:00
22:00					1:00
23:00	수면				2:00

완수하지 않으면 수업에 참여하지 못하게 되어 있다. 한편, 짐은 가라테와 바이올린, 케이티는 발레를 배우고 있다. 발레리나를 꿈꾸는 케이티는 매일 오전에 레슨을 계획해두었다.

학생들이 자신의 니즈에 따라 학습과 삶을 설계할 수 있도록, 스탠퍼드온라인고등학교에서는 학생의 일정과 선택과목을 중심으로 수업 시간표를 짠다. 획일적인 시간표로 대변되는 기존의 교육 방식 아래에서는 실현하기 어려운 도전인 것이다.

주 4일제 수업의 비밀

학창 시절, 내가 힘썼던 과외활동은 운동이었다. 중학생일 때에는 유도부, 고등학생일 때에는 배구부에 들었다. 유도부 고문이었던 중학교 담임선생은 내 통통한 체격을 보고 유도부에 들기를 권유했다. 덕분에 유도에 깊이 빠져 있으면서도, 사춘기 소년들이 으레 겪는 고민에 휩싸이기도 했다. 갑갑해 보이는 유도 대신 인기도 많고 청량한 이미지의 축구를 할 걸 그랬나? 키가 컸으면 좋겠는데, 점프도 하고 공중으로 높이 뛰어오르는 농구가 낫지 않았을까? 미신인 줄은 어림짐작으로 알면서도 그런 막연한 기대를 완전히 씻어내기는 힘들었다.

사춘기의 감정을 고스란히 짊어진 채 고등학교에 들어가고 나서는 배구로 전향했다. 선수 중에서 키가 작은 편이었지만 세터 포지션으로 열심히 뛰면서 그 시절을 보낸 것 같다. 생각만큼 키가 자라지 않았지만 말이다.

경험자들은 잘 알겠지만 과외활동이야말로 학교생활의 중심을 차지한다. 나 또한 학창 시절을 돌이켜보면 운동부 활동이나 합숙 훈련, 문화제, 체육대회, 학생회 활동 등이 가장 먼저 떠오른다. 그만큼 과외활동은 수업이 끝난 뒤 학생들의 시간 대부분을 차지하는 중요한 활동이다.

그러나 세계 각지의 학생들이 모이는 만큼 스탠퍼드온라인 고등학교의 수업 시간은 길다. 미국 서부를 기준으로 오전 6시부터 오후 10시까지 수업을 진행한다. 수업이 있는 날에는 방과 후 활동에 시간을 할애하기 어려운 것이다. 물론 짐과 케이티처럼 개별적으로 과외활동을 선택할 수는 있다. '방과 후'라는 기준도 모호하고, 학생들의 시간표도 제각각인 이 학교에서 교내 행사나 과외활동을 활성화하려면 어떻게 해야 할까?

수업 시간표를 90도로 회전해보니 그 답을 찾을 수 있었다.

여느 학교들의 전형적인 시간표를 보면, 평일 아침에 수업이 시작되어 늦은 오후에 끝난다. 그다음에 동아리 활동 같은 과외활동이 이뤄진다.

이 시간표를 90도로 기울인다고 상상해보자. 월요일부터 금요일, 아침부터 오후까지 들어찬 수업 시간을 월요일에서 목요일 사이로 밀어 넣는다. 그러면 금요일은 텅 비어 방과 후 시간으로 활용할 수 있다. 짐과 케이티의 시간표에 금요일 수업이 없는 이유도 여기에 있다.

스탠퍼드온라인고등학교에서는 금요일마다 동아리 활동이나 학생회, 기타 과외활동이 줄줄이 이어진다. 매주 금요일에 맞춰 그날의 행사 일정이 전교생에게 공지되고, 학생들은 개인 일정에 따라 온라인으로 과외활동에 참여한다.

절대적인 수업 시간을 줄일 수 없다면, 평일 중 여분의 시간을 절약해 금요일 하루를 통째로 방과 후 시간으로 채우자는 의도였다. 덕분에 학생들은 학교 친구들과 값진 시간을 보내고, 교사들도 시험지를 채점하거나 수업 준비에 더욱 매진하게 되었으니, 한 번에 두 마리 토끼를 잡은 개혁이었다.

온라인 학교는 시험을 어떻게 볼까

온라인 교육에 관해 사람들과 이야기를 나누다 보면 이런 질문을 자주 받는다. "시험은 어떻게 치릅니까?"

중간고사와 기말고사, 수업 중의 쪽지 시험까지. 온라인으로 이 모든 시험을 본다면 커닝 같은 부정행위가 난무하지 않을까 하고 우려하는 것이다. 컴퓨터상으로 시험을 치르면서 학생들이 인터넷으로 답을 찾아보거나 SNS로 친구에게 물어볼 수도 있을 테니 말이다.

이런 지적이 당연하게 다가올 정도로, 온라인 시험이 까다로운 것은 사실이다. 최근에는 온라인 시험 감독 서비스를 제공하는 업체도 여럿 등장했지만, 대학교 시험이나 민간 자격시험에나 적용되는 수준이다.

그렇다면 스탠퍼드온라인고등학교는 이런 문제에 어떻게 대처하고 있을까?

우선, 시험 성적 중심의 평가를 지양했다. 그 대신에 과목별로 보고서와 자유 과제, 주제별 프로젝트 같은 과제의 비중을 높였다. 불필요한 시험은 아예 없애버리기도 했다. 시험을 치를 때에도 오픈 북 방식을 적극적으로 채택했는데, 말 그대로 책을 펼쳐놓고 시험을 보게 한 것이다. 시험을 치르는 동안에 학생들이 무엇을 참고하는지는 상관없다. 주어진 시간 안에 문제를 풀기만 하면 된다. 만일 교재를 읽거나 인터넷 검색만으로 학생들이 답을 찾을 수 있는 시험이라면, 그건 암기 위주의 주입식 교육의 문제이다. 그래서 오픈 북 시험에서는 교사의 역할이 중요한데, 학생들이 배운 내용을 활용해 생각을 발전시키고 실전에 적용할 수 있도록 문제를 설계해야 한다.

물론 프로젝트나 자유 과제, 오픈 북 시험이 완벽한 것은 아니다. 가장 우려되는 문제는 웹사이트 어딘가에서 내용을 가져와 짜깁기를 하거나 학생들끼리 서로 답을 공유하는 일이다. 이를 반증하듯 웹사이트나 과거에 발표된 연구 보고서, 학생들의 과제 등을 검색해 표절 여부를 가려내는 소프트웨어도 개발되었다. 특히 미국에서는 어떤 문헌을 인용할 때 저자와 출처 등을 구체적으로 명시해야 하고 그 원칙을 엄수하고 있어, 학교마다 리소스 센터를 통해 학생들을 지원하는 시스템이 갖춰져 있다. 그러나 가장 중요한 것은 평상시에 학생들에게 표절이나 커닝을 하면 안 되는 이유와 그로 인해 어떤 결과가 생길지를 찬찬히 알려주는 것이다.

나는 시험이 없어져야 한다고 생각하지만, 그럼에도 불가피하게 시험을 치러야 하는 순간이 있다. 그럴 때에는 시험장 및 시험 감독 등록 제도를 활용한다. 스탠퍼드온라인고등학교 학생들은 입학과 동시에 거주지와 가까운 도서관이나 대학, 학원 같은 교육기관을 시험장으로 등록하게 된다. 그리고 시험 일자가 정해지면 사전에 등록해둔 시험장에서 시험 감독자를 예약한다. 시험 감독자는 시험 당일에 송신되는 링크를 통해 시험지를 다운로드받아 시험을 진행하고 종료 후에는 답안지를 스캔해서 지정된 사이트에 업로드한다. 업로드된 시험 답안지는 교사가 온라인으로 받아 채점한다.

몇몇 예외 상황이 아닌 이상, 스탠퍼드온라인고등학교는 가능한 한 시험을 없애왔다. 이런 개혁을 단행한 데에는 온라인 교육이 지닌 구조적 한계도 적잖은 영향을 주었다. 그러나 무엇보다 중요했던 요인은 "시험을 반드시 치러야 하는가?" 하는 의문이다. 우리 학교의 방침은 분명하다. 시험의 궁극적인 효과를 기대할 수 있을 때에만 시험을 치르고 그 외의 경우에는 훨씬 적절한 방법을 선택하는 것이다.

평가를 위한 평가가 되지 않으려면

스탠퍼드온라인고등학교에서는 보고서나 프로젝트, 정기 과제를 비롯해, 필요하다면 시험, 수업 참여 빈도 및 태도, 발표의 질 등을 종합해 학기 말 성적을 산출한다. 성적은 학생의 강점은 살리고 개선점을 찾아내어 앞으로의 학습을 설계하는 데 참고하는 자료로 쓰인다. 어디까지나 배움의 도구일 뿐, 다른 학생과의 경쟁에서 자신의 위치를 파악하는 지표가 아니다. 다시 말하지만, 시험은 실력을 측정하는 수단이 될 수 없다.

우리 학교는 과제나 시험을 평가하는 과정에서 학생들에게 충분한 피드백을 주는 데 주안점을 둔다. 학생들은 O/X 또는 점수 대신 교사가 과제 곳곳에 남긴 코멘트를 보고, 자신이 어느 부분에 강하고 어떤 점을 보완해야 할지를 구체적으로 파악할 수 있다. 스탠퍼드온라인고등학교에서 과제 피드백은 교사의 중요한 지도 수단이자 주된 의제이다. 교사들은 자신의 피드백이 어떤 학습 효과로 이어질지를 세심하게 살피고 서로 의견을 주고받으면서 평가에 임한다.

최근 미국에서도 대학교 입시 전쟁이 치열해지면서 10대 자살률과 정신질환자 수가 급증하고 있다. 경쟁을 부추기기만 하는 평가 방식은 배움을 방해한다. 그래서 스탠퍼드온라인고등학교에서는 학생들을 순위 매기거나 편차치*로 나누지 않는다. 학생들의 학업 성취도를 비교하는 일이 도대체 학습에 어떤 효과를 주는지를 다시 한 번 생각해보아야 한다.

"조금씩 오르고 있긴 하지만, 좀 더 분발하자."

이런 말을 듣고도 압박이나 스트레스를 받는 대신, 석차나

---

* 일본에서 대학 입시에 주로 쓰이는 상대평가 지표. 한국의 표준 점수와 유사한 개념으로, 개인의 학력 수준이 전체 집단의 평균값과 얼마나 차이 나는지를 수치화한 것이다.

편차치를 높이려 의지를 불태우는 수험생이 있다면 정말 행운아라고 생각한다. 혹시라도 우연에 기대어 우리 아이가 그런 행운아가 되기를 바라고 있다면 당장 그만두길 바란다. 다른 사람과의 비교로 얻을 수 있는 의지라면, 배움을 주도적이고 지속적으로 이끌어갈 수 없다. 그보다는 아이가 어떤 기술을 습득하고 싶은지, 강점은 무엇인지, 부족한 부분을 어떻게 보완할지 등을 짚어보면서, 앞으로의 학습 방향을 구체화하는 방식으로 평가를 진행해야 한다. 성적의 쓸모는 어디까지나 아이의 배움 자체를 지원하는 데 있다.

지금까지 학교의 원칙에 집착하지 않고 배움의 기회를 만들기 위해 스탠퍼드온라인고등학교에서 시도해온 개혁들을 소개했다. 그러나 잘못된 전통을 손보는 것만으로는 교육이 바로 설 수 없다. 낡은 부분들을 깨부수고 난 뒤에 무엇을 어떻게 다시 지어 올릴 것인가?

다음 장에서는 우리 학교가 온라인 교육만으로 어떻게 미국 최고의 프렙 스쿨에 오를 수 있었는지 그 비결을 파헤쳐보겠다.

온라인

교육 리부트

스탠퍼드온라인고등학교가 성공한 비결

온라인 교육 열풍은 2000년대 후반부터 시작되었다. 그 결정적인 도화선은 온라인 공개강좌Massive Open Online Course, MOOC(이하 MOOC)였다. MOOC의 등장으로 누구든 원하는 시간에 유명한 대학교수의 강연이나 인기 수업을 무료로 수강할 수 있게 되었다. MOOC는 교육의 새로운 장을 열어젖히며 뜨거운 주목을 받았고 먹물처럼 세상 곳곳에 퍼져나갔다. 하버드대학교, 매사추세츠공과대학교, 스탠퍼드대학교 등 미국의 저명한 대학들도 앞다퉈 MOOC 과정을 개설했다.

그러나 곧바로 문제점으로 지적된 것이 있었으니 바로 낮은 수료율이었다. MOOC의 주요 청중은 대학생과 직장인이었는데 그들의 수료율이 5~15%에 불과했던 것이다.[24] 강의 내용이나 커리큘럼은 실로 훌륭했지만, 대면 수업이나 학교에서의 활동을 완전히 바꿔놓을 만큼 위력을 발휘하지는 못했다. 한마디로 MOOC는 새로운 형태의 '교육 콘텐츠'였으나, 교육에 필요한 종합적인 지원을 제공하지는 못했다.

그렇게 2000년대 온라인 교육 열풍은 MOOC를 향한 과도한 기대에서 멀어져 좀 더 현실적인 방향으로 재편되었다. 스탠퍼드온라인고등학교 같은 온라인 교육기관들도 그즈음 등장하기 시작했다. 예나 지금이나 사람들은 온라인 교육이라고 하면 MOOC부터 떠올린다. 예컨대, '온라인 학교'라는 말을 듣자마자 기존의 중학교나 고등학교 수업에 MOOC를 적용한 형태를 연상하는 식이다. 설립 직전, 스탠퍼드온라인고등학교에 호기심을 가진 학생이나 부모들조차 회의적인 반응을 보였다. 온갖 걱정과 의문이 날마다 학교로 날아들었다.

"온라인으로 배우면 아이가 산만해져서 제대로 집중하지 못할 것 같군요."

"선생님의 보살핌이 없어져 아이가 고립되진 않을까요?"

"아이의 사회성이 낮아질까 봐 걱정이에요."

"친구는 어떻게 사귀나요? 선생님과 제대로 이야기나 할 수 있을지……."

나와 동료들은 온라인이라는 가상공간에 현실을 초월하는 학교를 세우려고 했다. 현실의 학교에 얼마나 가까워질 수 있는지가 아니라, 오직 가상공간에서만 가능한 초현실적 학교를 꿈꾼 것이다. 이를 위해 가장 우선시했던 것은 학교에서의 소통과 학생을 향한 지원이다. 전통적인 학교들을 능가하는 글로벌 학습 공동체를 조성하기 위해 차근차근 기반을 다져갔다. 온라인 교육과 교육 기술의 성지인 실리콘밸리에서 거친 파도를 맞으면서도 기존의 교육계에 도전장을 내밀었다.

스탠퍼드온라인고등학교가 온라인 학교라는 한계를 딛고 전통적인 학교들을 제친 것도 모자라 미국을 통틀어 최고의 혁신 학교로 불리게 된 비결은 무엇이었을까? 이번 장에서는 그 비밀을 철저하게 파헤쳐보려 한다.

문제는 온라인이 아니라 수업 방식이다

낮은 수료율이라는 문제점은 MOOC에만 해당되지 않았다. 그것은 온라인 교육 전체를 향한 지적이었다.

차터 스쿨charter school은 미국 주 정부의 예산과 지원을 받아 민간에서 운영하는 자율형 공립학교이다. 최근에 온라인 차터 스쿨이 급증했는데, 그중 절반 이상의 학교가 50% 이상의 낙제율을 기록했다.[25] 그 밖에도 코로나19 여파로 인해 여러 학교들이 원격 수업으로 전환했지만 학생들의 저조한 수업 참여도

와 학력 부진으로 몸살을 앓고 있다.[26]

그러나 이러한 부정적인 지표들이 곧 온라인 교육이 실패했다는 증거라고 단정 지을 수는 없다.

낮은 수료율과 졸업률, 그리고 수업 참여도의 추락은 온라인 교육 자체의 문제라기보다 온라인 교육의 잘못된 사용으로 생겨난 결과이다. 예컨대, 강의식 수업은 온라인 환경에서 아이들의 수업 참여율이나 수료율을 뚝뚝 떨어지게 만든다. 온라인 수업은 컴퓨터 화면을 사이에 두고 이뤄지기 때문에 인터넷 사용이 자유롭다. 동영상과 웹사이트의 유혹이 매 순간 아이들을 따라다니는 것이다. 스마트폰으로 SNS를 들여다보거나 잠깐 졸아도 주의를 주는 교사나 친구가 곁에 존재하지 않는다. 설령 온라인 수업에 접속했다고 해도 마음만 먹으면 얼마든지 딴짓을 할 수 있는 환경이다.

교사의 상황도 녹록지 않다. 대면 수업에 비해 온라인에서는 아이들이 어느 정도 집중하고 있는지 파악하기 어렵고, 수업의 난이도를 조절하거나 주의를 환기할 기회를 놓치기 십상이다. 강의식 수업의 특징(배움의 장벽이 높고 학생이 수동적인 태도를 취하게 되는)이 온라인 환경에서는 더욱 선명하게 부각되는 것이다. 즉, 강의식 수업과 온라인 교육은 어울리기 힘든 조합이다.

결국, 강의에 기반을 둔 수업이 아니라 학생의 참여를 높이는 방향으로 수업을 바꿔야 한다. 스탠퍼드온라인고등학교에서 내린 결론은 소규모 반전 수업이다. 수업은 주로 라이브 방송으로 진행되며 평균 12명 정도의 학생들이 참여한다. 앞에서도 이야기했듯이 예습은 필수인데, 수업 전에 강의 영상이나 읽기 과제를 통해 수업 내용을 미리 익혀둔다. 그리고 수업 시간에는 서로 토론하거나 연습 문제를 풀이한다. 세미나형 수업의 특성상, 배울 내용을 사전에 숙지하지 않으면 수업에 참여하기 어려워진다. 아무리 게으름을 피우고 싶어도 그룹학습에서 소외되거나 튀어 보이지 않으려면 예습을 해야 하는 식으로 아이에게 동기를 부여하는 것이다. 실제 수업 현장에서도 아이들은 활발한 소통을 통해 그룹별로 주어진 프로젝트를 완수하고, 강의식 수업과 달리 수동적인 태도를 보이지도 않는다.

　이러한 실시간 세미나 수업을 통해 아이들의 참여를 높이는 방식이야말로 껍데기뿐인 온라인 교육의 문제점을 해결할 열쇠이다. 우리 학교가 반전 수업에 초점을 맞춘 이유도 여기에 있다. 학교 설립 초기에는 실시간 수업에 참여하지 못하는 학생들도 입학을 허가했으나, 몇 년 뒤에는 예외 없이 학생들의 전원 참여를 의무화했다. 실시간 세미나 수업에 참여하지 않고서는 스탠퍼드온라인고등학교에 다녔다고 할 수 없는 것이다.

세계 최초 온라인 반전 수업

실시간 세미나 수업을 앞세워, '온라인'이라는 형식만 따른 주류 온라인 교육과 차별화를 두는 것. 얼핏 멋있어 보이겠지만, 한편으로는 온라인 교육의 가장 큰 이점을 대놓고 부인한다는 위험도 안고 있었다. 언제 어디에서나 가능하다는 온라인 교육의 강점을 완전히 배제하지 않으면서 실시간 세미나 수업과 적절한 조화를 이룰 수는 없을까?

스탠퍼드온라인고등학교의 교육 목적은 '당신의 배움을 디자인하라'의 정신으로 전 세계에서 모인 학생들이 각자의 학습 방식을 추구하도록 돕는 데에 있다. 학생들은 사는 곳도, 학습 계획도 저마다 다르고 과외활동에 시간도 투자해야 해서 유연한 시간표는 필수이다. 유연한 시간표와 실시간 세미나 수업을 융합시키는 열쇠는 바로 반전 수업이었다.

우리 학교의 풀타임 등록생은 하루 평균 두 시간 반 정도 실시간 세미나 수업에 참여한다. 수업 외 시간에는 반전 수업의 필수 요소인 자율 학습을 통해 다음 수업을 준비하거나 과외활동에 참여하는 식으로 일정을 조정할 수 있다. 즉, 실시간 세미나 수업과 자율 학습을 적절하게 조합해, 학생들이 학습 계획이나 기타 활동에 맞춰 자유롭게 시간표를 짜게 된 것이다. 언제 어디에서나 가능하다는 온라인 교육의 장점과 실시간 세미나 수업이 성공적으로 결합된 순간이다.

나아가 학생들은 실시간 세미나 수업을 통해 서로 왕성하게 교류하며 배움 공동체를 형성할 수 있다. 반전 수업이 학교 커뮤니티 형성에도 중요한 역할을 수행한 셈이다.

재능이라는 꽃은
틀 밖에서 피어난다

스탠퍼드온라인고등학교의 세미나 수업에 실제로 참여하는 학생들에 관해 잠시 소개해볼까 한다.

해마다 800~900명의 학생들이 우리 학교의 수업을 듣는다. 이들의 목표와 니즈는 다양하다. 미국 최고의 고등학교에 다니고 싶었던 학생에서부터, 아이비리그 명문대에 입학하고 싶은 학생, 부모님의 일 때문에 지금은 해외에 있지만 언젠가는 미국으로 다시 돌아올 학생, 운동이나 예술 분야에서 활약하며 전 세계를 누비는 학생, 질병이나 장애로 인해 집이나 치료 시설에서 공부해야 하는 학생, 훨씬 수준 높은 교육을 받고 싶은 학생까지 가지각색이다. 개중에는 영재처럼 한 분야에 탁월한 재능을 보이는 학생들도 여럿 있다.

교육에 관한 미국 연방법에서는 영재를 다음과 같이 정의한다. "학문, 예술, 리더십 등을 포함한 특정 영역에서 뛰어난 성취 능력이 확인되고, 그런 능력을 충분히 발달시키기 위해 보편적인 학교교육 이상의 지원이 필요한 아동."[27] 말하자면, 재능을 타고난 아이들을 위해 설계된 것이 영재 교육이다.

우리 학교가 소속된 스탠퍼드대학교는 미국에서 오랜 기간 영재 교육을 견인해온 대표적인 기관이다. 1990년대 초기, 스탠퍼드대학교의 명예교수 패트릭 수피즈Patrick Suppes는 '재능 있는 아이들을 위한 교육 프로그램Education Program for Gifted Youth, EPGY'(이하 EPGY)라는 프로그램을 고안했다. EPGY를 향한 높은 인기에 힘입어 2006년에 스탠퍼드대학교는 EPGY온라인고등학교EPGY Online High School를 설립했는데, 이것이 곧 스탠퍼드온라인고등학교의 전신이다. 2010년대, EPGY가 종료되면서 학교 이름이 지금과 같이 바뀌었다. 이러한 역사를 지니고 있기에, 재능이 뛰어난 아이들을 지원하는 일은 지금도 유효한 우리 학교의 의무라고 할 수 있다.

영재 교육에는 크게 2가지 목적이 있다. 하나는 아이들이 재능을 마음껏 펼칠 수 있는 환경을 만드는 일이다. 아무리 특출한 아이라도 제대로 된 지원이 없다면 재능을 꽃피우지 못하는 경우가 많다. 스포츠 영재가 적절한 훈련을 받지 못했을 때 잠재된 능력을 전부 발휘하지 못하는 것처럼 말이다.

영재 교육의 또 다른 목적은 영재 아이들이 고질적으로 안고 있는 문제를 이해하고 필요한 지원을 제공하는 데 있다. 재능 있는 아이는 자신의 재능 때문에 문제를 겪는 일이 많다. 수업 내용이 단조롭고 쉽게 느껴진 나머지 학교생활에 흥미를 붙이지 못하거나, 독특한 사고방식으로 친구들 사이에서 외톨이가 되는 식이다. 자신의 견해나 방식에 집착해서 또래들과 불협화음을 일으키기도 한다. 심지어 일반적인 학교 환경에 적응하지 못해 정신적 질환을 앓는 경우도 있다. '두 번 예외twice exceptional, 2e'*라는 말처럼, 특정 분야에서 이례적인 재능을 보임과 동시에 정신 질환이나 학습 장애를 겪는 것이다.

재능을 타고났기에 아이들이 겪을 수밖에 없는 문제의 해결책을 모색하고 이들이 학습을 이어가기 위한 방법을 연구하는 것도 영재 교육의 주요 과제이다.

학생들의 가능성을 학교라는 틀에 가두지 않고 자유롭게 풀어주면서 필요한 지원을 세심하게 제공하는 것. 스탠퍼드온

---

* 영재성과 심리적 장애라는 두 번의 예외적 사항에 해당하는 학습자를 일컫는 말. 심리적 장애로는 주의력결핍과잉행동장애ADHD나 아스퍼거 증후군 등이 있다.

라인고등학교의 대학교 수준을 아우르는 고등교육 프로그램과 '당신의 배움을 디자인하라'는 슬로건은 이러한 영재 교육의 주된 목표와 공명하고 있다. 재능이 넘치는 수많은 학생들이 우리 학교에 몸담고 있는 이유도 여기에 있다.

다만, 영재라는 것도 결국 일정한 기준을 통과했다는 꼬리표에 불과하다는 점을 짚어두고 싶다. 물론 그런 꼬리표가 학생 개인의 니즈를 대변하고 그것을 충족시키기 위해 영재 교육 같은 새로운 방식을 탄생시킨 것은 높이 평가받을 만하다. 그러나 4장에서도 논하겠지만, 교육제도 곳곳에 스며든 '꼬리표 붙이기'가 공부하는 아이들에게 어떤 악영향을 미치는가는 진지하게 고려해야 할 중요한 과제이다.

뜨거운 학구열의 원천

전 세계에서 재능이 차고 넘치는 학생들이 온라인으로 모이는 스탠퍼드온라인고등학교. 이곳에서 수업을 이끄는 선생님은 어떤 사람들일까?

우리 학교의 목표는 '지식에 대한 열정이 넘치는 학생과 교사의 글로벌 공동체'를 만드는 것이다. 전문 용어들을 앞세워

논리 정연하게 가르친다고 해서 아이들이 모든 일에 열정을 불사르고 지적인 호기심을 갖는 것은 아니다. 물론 배움에 대한 열의를 북돋기 위해 양질의 교육 프로그램을 갖춰두는 일은 중요하지만 그것이 전부는 아니다.

열정은 주위로부터 전염된다. 열의와 재능이 넘치는 인재들을 한데 모으는 것만으로도 학생들이 서로에게 감화를 받고 스스로 동기부여 하는 토대를 마련할 수 있다. 이러한 열정의 전염을 가속화하는 사람이 바로 교사이다.

우리 학교의 교사진은 각 분야의 열정적인 학자들로 이루어져 있다. 교사의 70%가 박사급 전문 인력으로, 대부분 대학교에서 교편을 잡았거나 연구자로 활약한 경력이 있다(나 또한 스탠퍼드대학교에서 논리학을 가르치고 연구한 바 있다). 그 외에도 하버드대학교나 매사추세츠공과대학교 등 세계 굴지의 대학교에서 박사 학위를 취득한 이들이 선생님으로 활동 중이다.

학구열로 가득한 이들을 교사로 초빙한 것은, 대학교 수준의 혁신 수업이라는 우리 학교의 강점을 극대화하기 위해 내린 자연스러운 선택이었다. 그러나 무엇보다 열정의 전염성을 높이려는 의도가 깔려 있었다.

이들 중에는 매사추세츠공과대학교에서 수학으로 박사 학위까지 취득해놓고 교사의 길로 들어선 경우도 있다. 만일 유명 IT 기업에 취직해 엔지니어로 활약했다면, 교사 월급의 몇 배에 달하는 고액 연봉을 받았을지도 모른다. 그럼에도 이들이 우리 학교의 선생님으로 온 이유는 자신의 전문성에 강한 자부심을 가졌기 때문이다. 돈을 많이 벌 수 있는 일이 꼭 적성에 맞는 일은 아니다. 이들은 자신의 전문 분야에서 자유롭게 생각하고 나름대로 답을 찾아가는 과정을 즐기는 쪽을 선택했다. 가르치는 데 소질이 있건 없건, 이것은 교사에게는 엄청난 강점이자 무기이다. 한 분야에 헌신하며 배움을 향해 달려가는 선생님의 순수한 열정을 체감하는 경험은 아이들에게 커다란 자산이 된다.

하나 짚고 넘어갈 것은, 학문을 향한 열정과 교육열은 같지 않다는 점이다. 아이들을 잘 가르치는지, 못 가르치는지 또한 별개의 문제이다.

실제로 아이들을 논쟁 상대나 연구 동료처럼 여기면서 "우리 함께 배움에 매진하자!" 하고 의욕을 북돋우기만 할 뿐 아무것도 가르치지 않는 잘난 학자들도 있다. "어린애가 아니니까 일일이 가르칠 필요가 없다. 알아서 공부하는 것이 상책이다"라고 단정 짓는 꼰대 교수도 적지 않다. 그런 사람들 사이에서 우리가 학구적이면서도 수완 좋은 교사를 만날 수 있던 것은 온라인 학교라는 이점 덕분이다.

통상적인 학교들은 인근 지역에서 교사를 일부 충원해야 하는 조건의 제약을 받지만 온라인 학교라면 이야기가 달라진다. 지리적 제약을 받지 않고 어디에서든 교사를 선발할 수 있다. 결국, '지적 열정을 불사를 학생과 교사의 글로벌 공동체'라는 우리 학교의 목표는 온라인이기에 가능해진 셈이다.

온라인 교육의 의의는 단순히 언제 어디에서든 수업 강의나 교안에 접근 가능하다는 데에 있지 않다. 그보다는 세계 각지에서 학생과 교사로 모인 최고의 인재들이 시너지 효과를 올릴 수 있도록 최고의 환경을 제공하는 일에 가깝다. 재능과 열의 넘치는 사람들을 이어주고 그들 사이에 깊고 친밀한 지적 공동체를 만들어내는 것. 그것이 바로 나와 우리 학교가 지향하는 온라인 교육의 진정한 의의이다.

"우리는 비대면으로 연대합니다"

학생과 교사가 열정을 서로 주고받는 것은 중요하지만, 그들을 모으고 연결하는 것만으로는 학교 공동체를 꾸릴 수 없다. 특히 온라인상에서 진정한 학교 공동체를 구축하기란 생각보다 간단한 일이 아니다.

예컨대, 온라인 학교에서는 쉬는 시간에 같은 반 친구들끼리 모이거나 복도에서 우연히 다른 반 친구를 만나 이야기꽃을 피울 기회가 없다. 동호회나 학생회 같은 과외활동도 오프라인에 거점을 둔 전통적인 학교와는 근본적으로 다르다.

전통적인 학교교육은 사람과 사람이 같은 물리적 공간을 공유한다는 장점을 백분 활용한다. 아이들은 복도에서 잡담하는 와중에도 우정을 쌓고, 학급 활동에 별다른 관심이 없다가도 프로젝트를 통해 하나의 팀으로 똘똘 뭉치는 경험을 한다.

반면에 온라인 학교는 이러한 '대면의 힘'에 기댈 수 없다. 그래서 아이들의 적극적인 참여가 필요한 소규모 세미나 수업을 학교 공동체의 기초로 활용하는 전략을 세운 것이다.

스탠퍼드온라인고등학교에서 수업이란, 학생들이 흥미나 학습 니즈를 서로 공유하면서 열정을 쏟는 장이다. 온라인상에서나마 그런 공간이 존재하기 때문에, 수업을 통해 학생들 사이에 유기적인 관계가 형성될 수 있다.

한편, 대면의 힘을 활용할 수 없는 학교 환경에서는 과외활동을 학교 공동체의 기초로 삼는 경우가 종종 있다. 동호회 활동이나 학교 행사를 통해 아이들이 풍부한 인간관계를 경험하게 하고 양질의 학습 환경과 공동체를 구축해 학습의 효율을 높이는 것이다.

우리 학교는 이와 완전히 다른 방향으로 접근한다. 수업에 중심을 두고 학교 공동체를 만드는 것이다. 물론 수업 시간만으로는 아이들이 소통할 기회를 마련하기에 충분하지 않다. 온라인 학습 풍경을 생각하면 어쩔 수 없이 교안이나 수업 쪽으로 기울기 쉽지만, 수업 외의 시스템도 적극 활용해야 한다.

실제로 수업 시간은 전체 학습 시간에서 극히 일부에 불과하다. 그룹학습이나 프로젝트 등을 통해, 수업이 끝난 뒤에도 아이들이 끊임없이 교류할 기회를 제공하자.

우리 학교에서는 학생들이 수업 중이 아니어도 가볍게 연결되어 있도록 수업별로 단체 채팅방을 운영하고 있다. 수업에서 다룬 주제를 서로 논의하며 배움의 깊이를 더하고 그룹 과제를 수행하는 데에 단체 채팅방은 여러모로 효과적이다. 이런 장치가 없어도 학생들은 SNS를 통해 서로와 연결될 수 있지만, 이조차도 함께 어울린 경험이나 계기가 뒷받침될 때 가능하다. 따라서 학교 차원에서 학생들을 위한 소통 공간을 더욱 능동적이고 의식적으로 마련할 필요가 있다.

스탠퍼드온라인고등학교 학생들의 강력한 연대감은 그렇게 탄생했다. 교장으로서 남다른 자부심을 느끼는 지점이다. 입학할 때만 해도 '온라인 학교라는데 나만 고립되진 않을까', '친구 하나 없이 학교생활을 보내지 않을까' 하고 우려했던 학생들은 이제 입을 모아 자랑한다. 이 학교에 와서 믿음직한 지적 동반자가 생겼다고 말이다. 여느 학교에서는 자신의 호기심이나 관심 분야를 깊이 공유할 만한 상대를 찾지 못한 아이들도 이곳에서는 진정한 친구들을 만날 수 있다.

궁극의 글로벌 교실을 만들다

스탠퍼드온라인고등학교 공동체의 또 다른 강점은 글로벌한 학습 환경이다.

해마다 약 30개국 출신의 아이들이 우리 학교에서 수업을 듣는다. 아이들은 저마다 다른 배경과 문화, 가치관을 지닌 친구들과 함께 배우면서 글로벌한 관점과 문화 교류에 필요한 기술을 체득한다.

세계 각지의 학생이 모인다고 하면 흔히들 국제 학교나 기숙학교를 연상한다. 그러나 스탠퍼드온라인고등학교 학생들은 자기가 나고 자란 곳에서 공부한다. 굳이 낯선 곳으로 터전을 옮기지 않아도 일반 학교에서는 접하기 힘든 국제적 교류나 학습 기회를 누릴 수 있는 것이다.

미국 대통령 선거에 관한 토론 수업을 진행한다고 해보자.

미국 내에서도 지역마다 정치 성향이 다르고, 미국에 대한 인식은 나라마다 천차만별이다. 학생들은 이런 배경을 기본적으로 이해하고 각 주나 지역, 국가별 반응을 이야기한다. 스탠퍼드온라인고등학교의 정치경제 수업에서는 아주 흔한 풍경이다. 온라인이기에 가능한 다국적 교실 환경에서 학생들은 다양한 관점과 경험을 공유하고 현실 세계를 더 깊이 체감하며 하나의 사안도 다각적으로 바라보게 된다.

수업을 통해 서로 다른 지역에 사는 학생들이 매일 만나는 것도 주목할 만하다. 그 덕분에 학생들은 국제 이슈를 다루는 수업이 아니라도 세계의 동향이나 추세를 읽는 안목을 꾸준히 높일 수 있다. 수업 중에 나온 발언이나 잡담은 각 지역이나 문화에 관한 이야기로 이어지기도 하는데, 폭넓은 지식의 습득뿐 아니라 학생들이 '다름'을 받아들이는 관점을 세우는 데에도 큰 도움이 된다. 이렇듯 저마다 다른 나라에서 다른 문화와 가치관에 따라 살아간다는 사실을 의식하며 공부하다 보면 유연한 사고방식은 저절로 자리 잡게 마련이다. 그리고 이것이야말로 스탠퍼드온라인고등학교가 전 세계에서 하나뿐인 궁극의 글로벌 교실을 실현한 비결이다.

한 사람을 위한 세 사람

스탠퍼드온라인고등학교는 능동적인 공동체를 실현하고 있지만, 학생들이 그 환경에 적응하기까지는 어느 정도 시간이 걸린다. 학생들 대부분은 전통적인 교실에서 대면 수업을 듣는 것에 익숙하기 때문에 처음에는 외로워하기도 한다. 교실에서 공부할 때보다 시간표를 철저하게 관리해야 하고, 온라인이라는 새로운 환경에 잘 적응하기 위해 다양한 기술도 습득해야 한다. 물론 교사들도 온라인 환경에서 학생들의 수업 외적인 활동을 파악하는 데 어려움을 겪는다.

수업을 받는 학생들은 질풍노도의 사춘기를 겪는 아이들이기 때문에 심리적 보살핌이 상당히 중요하다. 겉으로 잘 드러나진 않지만 이것이야말로 온라인 학교의 성패를 가르는 핵심이라고 할 수 있다. 즉, 전통적인 학교 이상으로 아이들에 대한 상담 지원을 늘리는 것이다.

미국의 거의 모든 학교에는 학생 상담 제도가 있다. 심리 상담에서부터 학습 요령 조언, 진로지도 등을 전담하는 전문 상담사들이 상주하고, 기본적으로 학생마다 상담 교사 한 명이 배정된다. 상담 교사는 수업 외의 전반적인 사항을 포괄적으로 지원한다.

스탠퍼드온라인고등학교는 여기에서 한 걸음 더 나아갔다. 일반 상담 교사의 역할을 세 영역으로 쪼개어 학생 한 명당 세 명의 상담사를 배정했는데, 각각 심리 상담, 학습 계획 및 공부법 조언, 진로 및 진학 지도를 맡는다. 영역마다 상담 교사를 따로 두는 이유는, 학생이 여러 상담 교사와 교류해야 다양한 방법으로 충분한 지원을 받을 수 있기 때문이다.

미국의 대입 제도는 이것이 다르다

학생 상담 지도는 당연하게도 대학교 진학에 중요한 영향을 미친다. 앞에서 설명했듯 그 과정에서 도움을 주는 사람이 진학 상담사이다. 미국의 진학 상담college counseling은 일본에서 통용되는 입시 지도와는 이미지가 사뭇 다르다. 그 차이를 설명하기 위해 미국과 일본의 대입 과정을 간단히 비교해볼까 한다.

우선, 일본에서는 수험 성적이 학생이 스스로의 능력을 대학교에 직접 어필하는 주요 수단으로 쓰인다. 중고등학교 성적과 센터시험* 점수가 높을수록 입학 가능한 대학교의 선택지가 많아진다. 점수만 잘 받으면 원하는 대학교에 자신을 홍보할 수 있는 이른바 셀프 마케팅 방식이다.

한편 미국의 대입 제도는 성적이나 시험 점수에 치우치기보다 서류 심사를 중심으로 이루어진다. 일본과 다르게 입학시험을 치르는 경우도 거의 없다. 서류 심사에서는 중고등학교 성적과 공통 시험 성적뿐 아니라 에세이, 과외활동, 지원 동기, 추천서 등을 종합적으로 검토해 판단한다. 즉, 고득점 성적 우수자로 학교생활을 보내는 것만으로는 부족하다.

학생들은 자신의 인격이나 지금까지의 활동을 설득력 있게 어필해야 한다. 어떻게 성장했고 나는 어떤 사람인지, 대학교나 사회에 어떻게 공헌할 수 있는지, 대학교의 특색이나 문화에 얼마나 부합한지, 성장 잠재력이 어느 정도인지 등, 다루는 영역도 다양하다. 이를 위한 지원 업무, 즉 학생을 대학교에 홍보하는 일이 진학 상담사의 중요한 역할이다.

입학시험이 없는 서류 심사 중심의 대입 과정에서는 학생이 지금까지 어떤 학교를 다녔는지를 가장 중요하게 본다. 지원자의 평점이 만점이라고 해도 출신 학교의 교육 시스템이 부실하다면 의미가 없다. 이 점을 잘 파악하고 있는 고등학교들은 학교 가치를 높이는 데에 아낌없이 투자한다. '우리처럼 훌

---

* 정식 명칭은 대학입학자선발 대학입시센터시험大学入学者選抜大学入試センター試験으로, 한국의 대학수학능력시험에 해당한다. 2020년 폐지된 뒤로 2021학년도부터 대학입학공통테스트大学入学共通テスト가 도입되었다.

룡한 학교에서 이렇게나 모범적인 학생이 귀교에 입학하고자 합니다'라는 메시지를 전달하는 것이다.

이렇듯 시험 성적만 앞세우는 셀프 마케팅 방식으로는 좋은 결과를 얻지 못하는 게 미국 대입 제도의 특징이다. 진학 상담사의 역할이 중요한 이유도 여기에 있다. 진학 상담사는 각 대학교에 학생들뿐 아니라 그들의 모교까지도 어필하는 일을 수행한다.

아이비리그에 가기 위해
반드시 필요한 것

미국에서 고등학교 교장을 지내다 보니, 아이를 아이비리그 같은 명문대에 보낼 비결을 묻는 질문을 자주 받는다. 그럴 때마다 나의 대답은 한결같다. "모든 것은 진학 상담사에게 달려 있습니다."

일본에서는 학생들의 진로지도를 대부분 교사가 맡는다. 중고등학교 성적이나 시험 점수를 중시하는 일본 대입 제도의 특성을 감안하면 적절한 방법일지도 모른다. 그러나 미국의 경우는 다르다. 이른바 엘리트 진학 상담사가 되려면 교육학 박사 학위를 취득하는 건 기본이고 대학교 입학처에서 일정 기간 근무한 이력이 있어야 한다. 그런 과정을 거쳐야 각 대학교에서 발표한 신입생 모집 요강을 분석해 전략적으로 지원할 수 있기 때문이다.

미국의 주요 대학교에 아이를 입학시키고 싶다면, SAT나 ACT 같은 시험공부보다 전문가의 진학 상담 및 지원에 주안점을 두기를 권한다. 스탠퍼드온라인고등학교 또한 설립 초기부터 학생들의 진학 상담에 힘을 쏟았다. 당시에는 온라인 교육을 향한 회의적인 시선 때문에 대학교들의 반응도 미적지근했기에 진학 상담사들의 고충이 이만저만이 아니었다. 그럼에도 졸업생들이 뛰어난 성과를 보여주며 길을 닦아놓은 덕분에, 이제는 아이비리그에서도 우리 학교의 인지도와 입지가 높아졌다.

전 세계에서 재능 있는 학생과 학구파 교사가 모여 실시간 세미나 수업을 통해 열정을 나누는 학교. 국적을 초월한 교실을 바탕으로 글로벌한 안목을 길러주는 학교. 학업뿐 아니라 폭넓은 인간관계, 학교생활의 즐거움, 체계적인 진로지도까지 아낌없이 지원하는 학교.

스탠퍼드온라인고등학교는 바로 그런 곳이다. 그러나 지금에 이르기까지의 과정은 결코 순탄하지 않았다. 온라인 교육을 향한 수많은 편견을 이겨내고 '학교는 이래야만 한다'는 원칙에 대항하며 개혁을 거듭했기에 가능한 결과였다. 진정한 학교 공동체를 온라인상에 구현한 세계 최초의 학교라는 자부심과 사명감을 갖고 앞으로도 이 학교를 지켜가고자 한다.

그렇다면 이곳의 학생들은 어떤 것들을 배우고 있을까? 그것이 주는 위력은 어느 정도일까? 다음 장에서는 스탠퍼드온라인고등학교의 교육 프로그램을 공개해보겠다.

3장

최고의 교실은
어떻게 가르치고
배우는가

스탠퍼드가 미래형 인재를 기르는 법

스탠퍼드온라인고등학교의 목표는 지적 열정이 넘치는 학생과 교사의 글로벌 학습 공동체를 만드는 것이다. 학생들은 활발한 세미나 수업과 엄격한 커리큘럼을 통해 논리적으로 분석하는 힘, 창조적으로 생각하는 힘, 비판적으로 논증하는 힘을 습득하게 된다.

우리 학교의 건학 이념은 이렇게 시작된다. '수업 외의 활발한 과외활동이 학생들 사이의 지속적인 관계성을 쌓고, 학교의 풍부한 지원이 학생의 독립성과 개성, 평생학습을 위한 탐구심을 양성한다.' 여기에는 지금까지 설명했던 '당신의 배움을 디자인하라' 정신에 기초한 교육개혁이나 공동체의 중요성이 명시되어 있다. 이 건학 이념의 뒤에 이어지는 내용은 다음과 같다.

- 스탠퍼드온라인고등학교에서 가장 중요한 힘의 원천은 학생과 교사이다.
- 재능 있는 학생, 지적 모험을 마다하지 않는 학생, 과외활동에서도 활약하는 학생을 위한 학교이다.
- 전문 분야에서 뛰어난 능력을 발휘하고 온라인 교육에 열의를 품은 교사들이 모이는 학교이다.
- 스탠퍼드대학교의 부속 교육기관으로서 배움의 선두를 달린다. 학생과 교사, 그리고 스탠퍼드대학교가 연결된 유일무이한 학교다.

우리 학교가 학생과 교사, 나아가 학습의 방향에 대해 깊이 고민하고 논의한 흔적이 여기에 고스란히 담겨 있다. 그중에서 '스탠퍼드대학교의 부속 교육기관으로서 배움의 선두를 달린다'라는 마지막 항목에 주목해보려 한다. 여느 학교와 달리, 스탠퍼드대학교와 긴밀하게 연계해온 이곳에서는 무슨 교육 프로그램을 운영하고 있으며 아이들은 어떤 것을 배울까?

인문학과 STEM의 만남

분야의 장벽을 넘어 혁신을 이루고 현실 세계의 거시적 문제를 해결하는 것은 스탠퍼드대학교의 전통적인 이념 중 하나이다.[28] 캠퍼스 곳곳에 자리한 18개 연구 기관에서는 분야를 가로지르는 연구가 다방면에 걸쳐 이루어진다. 수명, 뇌과학, 의학 등 기초과학 연구의 상용화 방향을 모색하는 중개 연구translational research뿐 아니라, 경제정책이나 국제관계, 행동과학 등 사회과학과 이공학 분야를 횡단하는 연구를 지원하기도 한다.

어떤 학문에 깊이 몰두하다 보면 그 분야에서 통용되는 특정 견해를 고수하기 쉽다. 그러나 새롭고 획기적인 발명은 다른 분야의 관점을 적용할 때 비로소 탄생한다. 스탠퍼드대학교에서 일군 혁신의 원동력도 다양한 분야의 융합 연구에 있다.

스탠퍼드온라인고등학교는 그 이념을 아이들의 배움에 고스란히 적용했다. 철학 필수 과정을 예로 들면, 철학을 중심으로 과학 분야나 법률, 정치학 등을 접목시킨 커리큘럼으로 구성된다. 생물학자와 인문학자가 함께 가르치는 '성별과 젠더'라는 수업도 있는데, 같은 주제를 두고 생물학과 인문학에서 어떻게 다르게 바라보고 해석하는지 알아볼 수 있다. 필요에 따라 사회과학적 관점을 적용해 현대사회의 주요 사안을 논의하기도 한다.

이공계 교육은 STEM 프로그램에 주안점을 둔다. 생물, 화학, 물리 같은 기초과학 수업에서 다른 과목의 지식을 응용해 프로젝트를 수행하는 식이다. 그 밖에도 열과 에너지에 관한 과학 이슈들을 살펴보거나 최근 부상하는 환경과학을 다루는 커리큘럼도 마련되어 있다. 수학 교육도 마찬가지이다. 수학만 배우는 수학 수업은 하나도 없다. 경제학이나 통계, 컴퓨터공학 등의 분야와 연계해 수학을 익히는 수업이 있을 뿐이다.

일련의 노력 덕분인지, 스탠퍼드온라인고등학교는 《뉴스위크》에서 선정한 '전미 STEM 교육 우수 학교' 3위에 올랐다. 흔한 실험실과 현장학습 하나 없는 온라인 학교로 이뤄낸 결실이라는 점에서 더욱 감격스러웠다. 이 타이틀은 우리 학교의 자랑을 넘어 미국의 학부모들 사이에서도 커다란 화젯거리가 되었다. 종종 그들과 이야기를 나눌 기회가 생길 때마다 나는 의식적으로 이렇게 말하곤 한다.

"고등학교 수준에서 인문학 교육의 질을 평가하는 등급은 아직 없습니다. STEM과 대조적으로 인문학이 중요하게 인식되지 않는 것 같아 안타까울 따름이지요. 스탠퍼드온라인고등학교는 STEM 교육으로 높은 평가를 받아왔지만, 사실 우리 학교를 강하게 만든 진정한 원동력은 인문학입니다. 만일 전 세계 고등학교를 대상으로 인문학 교육 평가가 이뤄진다면, 분명 우리 학교가 1위에 오르리라고 자부할 수 있습니다. 그만큼 강력한 인문학 수업이 STEM 교육과 유기적으로 융합되어 있으며, 이를 통해 한 분야에 그치지 않고 새로운 가치를 창출하는 게임 체인저가 탄생합니다. 바로 과학과 인문학 분야의 샛별들이지요. 이것이 바로 스탠퍼드온라인고등학교의 철학이자 우리가 아이들을 가르치는 방식입니다."

높은 수준의 인문학과 과학 교육이 융합된 커리큘럼을 통해, 학생들은 스스로 어떻게 배우고 공부할 것인지를 주도적으로 설계한다. 이는 곧 리버럴 아츠liberal arts가 스탠퍼드온라인고등학교 교육의 구심점을 이루고 있다는 뜻이기도 하다.

게임 플레이어 대신
게임 체인저를 기른다

스탠퍼드온라인고등학교에서 교과과정의 심장부를 차지하는 과목은 단연 철학이다. 모든 학생들은 학교를 졸업하려면 재학하는 동안 해마다 철학 필수 과정을 이수해야 한다.

중등교육에서 철학이 필수과목이라니! 미국에서도 화제를

몰고 온 걸 보면 다들 우리 학교를 독특하게 바라보는 것 같다. 국제 바칼로레아International Baccalaureate, IB*로도 알 수 있듯, 철학이 중고등학교 교과과정에서 핵심 과목으로 편성된 사례가 없는 것은 아니다. 다만 일본과 마찬가지로 미국에서도 철학을 본격적으로 배우는 시기는 대학교에 입학하고 나서다. 내가 처음 온라인 학교 프로젝트에 매력을 느낀 것도 철학을 바탕으로 고등학생 필수 교과과정을 구성한다는 기획 때문이었다.

그리고 이러한 획기적인 시도를 뛰어넘어, 중등교육이야말로 철학을 제대로 배워야 하는 단계라고 생각했다. 이 시기의 아이들은 다양한 분야의 지식을 오롯이 흡수할 수 있기 때문이다. 어떤 지식에든 반드시 기본적인 세계관이나 사물을 인식하는 틀이 있고, 그런 배경 없이는 일련의 이론과 식견을 세우기 어렵다. 이 말인즉, 학생들이 공부를 지속하고 전문지식을 습득할수록 기본이 되는 가치관이나 구조에 얽매일 수 있다는 뜻이다.

오늘날의 세상은 기술혁신과 세계화로 쉴 새 없이 변화를 거듭하고 있다. 모든 것이 급변하는 가운데 시대의 흐름에 뒤처지지 않고 새로운 기회를 모색하기 위해서는 주위를 둘러싼

---

* 국제 공통 대학 입학 자격제도로, 흔히 국제 수능 시험으로 통용된다.

알을 깨고 나와야 한다.

그래서 지금 우리에게는 철학이 필요하다. 철학적 사고란 사물의 근본이나 기본 전제에 의문을 품고 고찰하는 일이다. 철학적 사고에 익숙해지면 기존의 사고방식이나 사물을 바라보는 관점에서 탈피해 거대한 변화 속에서 새로운 가치를 발견할 수 있다. 그렇기에 심층 학습이 시작되는 중등교육 단계에서 '철학하는 힘'을 키우는 것이 중요하다.

정해진 틀 안에서 충실히 결과를 내는 것, 말하자면 이미 존재하는 규칙에 따라 승기를 잡는 게임 플레이어의 능력도 간과할 수는 없다. 그러나 예측하기 어렵고 급격하게 발전하는 시대를 살아내는 힘은 새로운 규칙에 민첩하게 대처하며 게임의 판도를 직접 주도하는 게임 체인저에게 나온다.

뛰어난 게임 플레이어를 넘어 전략적인 게임 체인저를 양성하는 일. 그것이 스탠퍼드온라인고등학교에서 철학을 비중 있게 가르치는 이유이다. 물론 여느 철학 수업처럼 유명한 철학자의 이론과 가설을 달달 외는 식은 아니다. 스탠퍼드온라인고등학교의 철학 필수 과정은, 모든 존재와 가치관의 기본으로 돌아가 정해진 틀을 넘어 생각하는 힘을 기르는 정신적 훈련이다.

스탠퍼드온라인고등학교의
철학 필수 과정

이해를 돕기 위해, 스탠퍼드온라인고등학교에서 운영하는 철학 필수 과정의 내용을 핵심 위주로 소개해볼까 한다.

가장 먼저 9학년(일본의 중학교 3학년) 과정부터 살펴보면, 과학적 방법론과 철학을 연계해 통계와 생물학을 익히는 코스로 이뤄져 있다. 통계 수업은 상관계수나 회귀분석, 확률분포 등 과학 전반에 응용할 수 있는 근대 통계학의 기초를 아우르고, 생물학 수업은 현장생물학과 유전학을 중심으로 한다. 학생들은 각 분야의 기본 지식을 습득하는 데 그치지 않고, '과학적 발견, 가정, 입증은 어떤 과정으로 전개되는가', '어떤 이론이 데이터와 일치한다는 건 무엇을 의미하는가', '실증된 이론이라는 것은 어떤 의미인가'라는 질문의 답을 찾아간다. 더불어 실험과 현장조사를 통해 과학 이론을 직접 검증해보기도 한다.

10학년(일본의 고등학교 1학년)은 과학사와 과학철학을 중점적으로 배운다. 생물학, 화학, 수학, 컴퓨터과학 등 다양한 과학 분야에서 주요하게 다뤄지는 역사적 사례를 선별해 세세하게 분석한다.

다음은 실제로 수업에서 다루는 주제를 예시로 든 것이다.

과학 이론을 입증하는 법에서부터, 과학적 사고와 반증이 이루어지는 과정, 과학의 발전에 영향을 미치는 사회학적 요인 등을 배운다.

- 고대 그리스인들은 지구가 둥글다는 사실을 밝혀냈다. 어떤 관찰과 이론, 논의를 통해 이 사실을 입증했을까?

- 주기율표는 드미트리 멘델레예프Dmitrii Mendeleev가 발명했다고 알려져 있지만, 그보다 일찍 주기율표를 고안한 과학자들이 몇몇 있었다. 그런데 왜 멘델레예프만 주목을 받게 되었을까?

- 만유인력의 법칙 $F=G \cdot Mm/r^2$는 어떤 원리로 탄생했을까? 뉴턴은 나무에서 떨어지는 사과가 아니라 밤하늘의 혹성을 바라보고 있었다. 과학 데이터의 오차, 근사치, 모델링은 어떤 방식으로 진행되었는가?

- 빛은 파장인가? 마이컬슨·몰리 실험Michelson-Morley experiment*의 실패에 관하여. 상대성이론과 그 밖에 눈여겨볼 만한 이론이 존재했다. 과학적 가설을 반증할 때 나타날 수 있는 이론적 가능성의 예.

- 1887년 앨버트 마이컬슨Albert Michelson과 에드워드 몰리Edward Morley가 빛이 에테르ether라는 매질을 통해 전파된다는 가설을 검증하기 위해 실시한 실험.

11학년(일본의 고등학교 2학년)이 되면, 과학에서 벗어나 정치철학에 초점을 맞춰 민주주의나 자유, 법치 같은 기본 개념을 배운다. 민주주의란 무엇인지, 자유와 법치는 어떻게 연결되는지, 시민사회의 성립 뒤에 어떤 철학적 배경이 존재하는지를 살펴본다. 이와 함께 주요 정치철학자나 사상가의 문헌도 폭넓게 다룬다. 예컨대, 토머스 홉스Thomas Hobbes, 존 로크John Locke, 장 자크 루소Jean Jacques Rousseau, 샤를 루이 드 몽테스키외Charles Louis de Montesquieu, 에드먼드 버크Edmund Burke, 존 듀이John Dewey, 존 스튜어트 밀John Stuart Mill, 존 롤스John Rawls, 마이클 샌델Michael Sandel 등이 대표적이다. 실제 헌법소송의 판결문이나 정치가의 연설을 읽고 해독하기도 한다. 한마디로, 이 사회의 구조와 운영 방식이 어떤 철학적 배경 위에서 지금의 형태에 이르게 되었는지를 배우고 경험하는 과정이라고 할 수 있다.

12학년(일본의 고등학교 3학년)에는 드디어 철학에 관한 문제를 직접 다룬다. 인지론, 형이상학, 윤리학 같은 철학의 주요 갈래와 관련 문헌에 친숙해지고 비판적 사고력을 갖추는 게 목적이다. 학생들은 고대 그리스에서 시작해 중세, 근대, 현대 철학자의 문헌들을 두루 읽고 다양한 철학 문제를 접하게 된다. 수업 난이도는 대학교 철학 입문 과정 수준으로, 1년에 걸쳐 차근차근 단계를 밟아가도록 커리큘럼이 구성된다.

스탠퍼드온라인고등학교에는 우수한 STEM 교육을 받고 싶어 들어온 학생들이 상당히 많다. 그런 학생들이 고차원적인 과학·수학 지식을 배우면서 철학을 함께 접하는 것이다. 좋아하는 과목이 STEM에서 철학으로 바뀌는 학생들도 여럿 있다. 그래서 학부모들을 만날 기회가 생기면 이런 말을 하기도 한다.

"STEM 과목보다 철학이 좋아져서 아이가 철학자가 된다면…… 미리 사과드립니다."

아무래도 수입이나 일자리를 생각하면 철학으로 명성을 떨치기란 낙타가 바늘구멍 통과하는 것이나 다름없으니 말이다.

삶의 중심을 잃지 않는 법 : 웰니스 프로그램

웰니스wellness란 좋은 상태를 뜻하는 웰빙well-being과 신체 건강을 뜻하는 피트니스fitness를 합친 합성어다. 미국의 국립웰니스기구National Wellness Institute, NWI에 따르면, 육체적·정서적·사회적·직업적 영역을 통틀어 인간이 충만함을 느끼는 최상의 상태 또는 이를 위한 일련의 활동을 의미한다.[29]

몸이 건강해도 앞으로의 삶에 불안해할 수 있다. 인간관계가 원만해도 지병으로 괴로움에 시달릴 수 있다. 건강과 인간관계 모두 만족스러워도 직장을 잃어 경제적 어려움에 봉착할지도 모른다. 어떤 사람이 진정한 의미로 '좋은 상태'에 놓여 있는가의 문제는, 몸과 마음은 물론 삶에서 중요한 여러 요인들이 얼마나 깊이 얽혀 있느냐에 따라 달라진다. 웰니스는 특히 미국에서 크게 주목받는 개념인데, 의료나 교육 분야, 산업 현장 등 광범위하게 적용되고 있다.

스탠퍼드대학교에서도 2008년부터 '만족스러운 스탠퍼드BeWell Stanford'라는 웰니스 프로그램을 운영 중이다. 많은 교직원들이 그 프로그램의 혜택을 누리고 있으며, 나 또한 10년 넘게 도움을 받았다. 올해의 프로그램 구성은 다음과 같다.

- **스탠퍼드 건강 및 라이프 스타일 평가**

  건강과 마음 상태, 라이프 스타일에 관한 문항에 답하면서 웰니스 수준을 자가 진단하는 방식이다. 평가를 완료하면 피트니스나 개인 트레이닝 수업 등을 할인된 가격으로 이용할 수 있다.

- **웰니스 프로파일**

  자가 진단 결과를 토대로 웰니스 코치와 상담을 진행한다.

자신의 현재 상태를 자세하게 이해하고 웰니스를 위한 목표
와 실천 계획을 세운다. 목표를 달성하면 200달러를 받는다.

• **웰니스 활동 실행**

자신이 세운 계획에 따라 건강 관련 워크숍, 피트니스 수업
등의 웰니스 활동을 혼자 또는 동료와 함께 수행한다. 활동
을 완료하면 260달러를 받는다.

• **베리berries 제도**

웰니스 활동을 마칠 때마다 받는 보상의 단위다. 6베리를 획
득하면 100달러를 얻는다.

이미 눈치챘겠지만, 각 단계를 마칠 때마다 금전적인 보상
이 주어진다. 직원들이 프로그램에 참여하도록 동기를 북돋울
뿐 아니라, 직원들의 건강과 행복 수준을 높여 이직률을 줄이
고 생산성을 향상시킬 수 있기 때문이다.

웰니스 프로그램이 각광받는 데에는 미국의 건강보험제도
와 긴밀한 연관이 있다. 미국에는 국민 모두에게 적용되는 일
률적인 건강보험 제도가 없어, 개인이 직접 민간 보험에 가입
하거나 직장의 복리후생 서비스에 의존해야 한다. 한마디로,

직원이 병에 걸리면 회사에서 납입해야 할 보험료가 올라가기 때문에 회사의 부담이 크다. 이때 웰니스 프로그램을 통해 일정한 보상을 지급하며 직원의 건강을 관리하면 회사 입장에서는 오히려 경비를 절감할 수 있다.

금전적인 보상은 차치하더라도, 웰니스에 대한 공감대는 기업뿐만 아니라 교육 현장에도 넓게 퍼져 있다. 미성년자의 우울증 발병률과 자살률은 나날이 높아지고, 대학 입시, 인간관계, 건강관리 등으로 심한 스트레스에 시달리는 학생들이 많다. 미국이 아니라도 이미 수많은 선진국에서 이와 비슷한 지표들이 나타나고 있다.[30]

이러한 상황을 감안해, 스탠퍼드온라인고등학교에서도 웰니스 프로그램을 전개해왔다. 온라인 학교로는 최초의 시도라고 감히 자부한다.

프로그램에서 특히 주안점을 둔 부분은, 학생들이 웰니스에 관한 적절한 지식과 기술을 얻어 올바른 습관을 들이도록 하는 것이다. 프로그램은 크게 다음과 같이 진행된다.

우선, 기본적인 웰니스 정보를 확보한 뒤 코치가 학생과 면담 시간을 갖는다. 학생들은 코치의 피드백과 조언을 통해 인간관계와 공부 습관, 감정 조절, 다이어트 등 자신의 웰니스에 도움이 될 만한 요소들을 세심하게 짚어나간다. 그런 다음에 일정한 목표와 계획을 세워서 자신에게 실질적으로 필요한 기술을 익히거나 체력을 기르거나 마음을 다스리는 훈련을 하고 나쁜 습관을 개선하기 위해 노력한다.

여기에 주기적인 평가까지 이루어지면, 삶의 방식을 돌아보고 생각을 행동으로 옮기는 습관이 자리 잡게 된다. 끊임없이 내면을 단련시켜 스트레스나 불안, 절망감을 이겨낼 수도 있다. 이처럼 웰니스 프로그램으로 마음의 회복 탄력성을 기르고 삶을 주도적으로 설계하는 능력은, 불확실성으로 가득한 이 시대를 '살아내는 힘'이라고 할 수 있다.

4차 산업혁명 시대의 필수 역량 : 사회 정서 학습

'살아내는 힘'을 기르기 위해 우리 학교에서 웰니스와 함께 중요하게 여기는 것이 사회 정서 학습이다. 사회 정서 학습이란, 자신의 감정을 인식하고 조절하며 타인의 입장에 공감함으로써 사회성을 기르는 데 필요한 지식과 기술을 습득하는 과정을 말한다.

사회 정서 학습이 주목을 받게 된 결정적인 계기는 1960년대에 예일대학교가 추진한 한 프로젝트였다. 당시 예일대학교와 접해 있던 학군은 저소득층이 주류를 이루고 있었는데, 그 지역의 학생들을 대상으로 생활 습관을 개선하고 인간관계와 감정 관리를 돕는 프로그램이 도입된 것이다. 그러자 놀라운 변화가 곧바로 일어났다. 학생들의 사회성과 감정 조절 능력이 향상되었을 뿐 아니라 수업 출석률이 높아지고 학습이나 과외 활동에서 발생하던 문제들이 급감했다. 학생들의 학력도 크게 높아졌다. 한마디로, 학생들의 사회성과 감정 관리를 돕는 노력들이 그들의 학력 신장으로 이어진 셈이다.

　이후 사회 정서 학습은 미국 전역에 널리 퍼져나갔다. 사회 정서 학습에 관한 연구가 본격적으로 진행되었고 새로운 프로그램이 고안되었으며 교육 현장에서 다양한 시도가 이뤄졌다. 그 과정에서 사회 정서 학습의 유행과 확산을 주도한 기관이 바로 학업및사회정서학습협회Collaborative for Academic, Social, and Emotional Learning, CASEL(이하 CASEL)이다.[31] CASEL은 사회 정서 학습을 뒷받침하는 과학적 근거를 토대로 학습 프로그램을 만들고 이를 여러 학교에 도입해왔다. CASEL의 사회 정서 학습 프로그램에서는 사회 정서적 능력을 다음과 같이 5가지로 구분한다.

- **자기 인식**self-awareness

  자신의 강점과 약점을 이해하고, 감정과 생각이 행동에 미치는 영향을 인식한다. 능력은 얼마든지 발전시킬 수 있다고 믿는 '성장 마인드셋growth mindset'을 갖는다.

- **자기 관리**self-management

  스트레스를 지혜롭게 다룰 줄 안다. 충동을 적절히 제어하고, 설정한 목표에 도달하기 위해 동기를 북돋울 수 있다.

- **사회적 인식**social awareness

  다양한 문화와 가치관을 지닌 사람들을 이해한다. 타인에게 공감하고 배려심이 깊다. 다름을 인정하고 그 안에서 새로운 배움을 얻는다.

- **관계 맺기 기술**relationship skills

  타인과 효과적으로 소통하며 상호 협력한다. 좀처럼 분위기에 휩쓸리지 않으며 갈등을 원만하게 해결할 수 있다. 타인에게 도움을 청하거나 타인을 돕는 데에 거리낌이 없다.

- **책임 있는 의사 결정**responsible decision-making

  스스로 어떤 행동을 하거나 타인과 교류할 때 윤리적인 기준과 사회

규범, 안전성에 근거하여 현명한 판단을 내리고 책임 있게 문제를 해결한다.

이 5가지 능력은 스탠퍼드온라인고등학교에서도 '살아내는 힘'을 기르기 위한 교육의 기초로 삼고 있다. 예컨대, 학생들은 일련의 프로그램을 통해 사회 정서 학습의 기본, 즉 사회성과 감정에 관한 지식과 기술을 배운다. 인간의 사회적 행동이나 심리 작용을 뇌과학과 심리학의 측면에서 바라보고 이해한 뒤, 스트레스 관리 기술을 배우거나 스스로 마음을 가다듬는 습관을 기르는 식이다.

그러나 머리로 이해하는 것만큼 실제로도 사회성과 감정 조절 능력을 갖추기란 쉽지 않다. 이를 위해 스탠퍼드온라인고등학교는 사회 정서 학습 프로그램 외에 일상의 온라인 수업 중에도 아이들의 사회 정서적 능력을 지원하는 장치들을 은밀하게 적용하고 있다.

세미나 수업을 예로 들면, 다른 의견을 존중하며 자신의 의견을 펼치는 과정에서 갈등을 효율적으로 해결하는 능력을 기를 수 있다. 프로젝트 과제를 수행할 때에도 다른 학생과의 협업, 그리고 목표와 계획을 수립하는 기술을 익힐 수 있다. 즉, 아이들이 사회 정서 학습 프로그램으로 배운 지식과 기술을 일상생활에 활용하고 접목해보도록 유도한 것이다.

이렇듯 스탠퍼드온라인고등학교는 전문 프로그램과 상시 수업이라는 두 개의 바퀴를 활용해 사회 정서 학습을 온라인에서 실현하고 있다. 그로 인한 성과는 미국교육학회를 비롯한 여러 기관과 단체의 주목을 받은 바 있다.[32]

"하면 된다"라는 주문의 위력

CASEL에서 제시한 사회 정서적 능력의 다섯 갈래 중 '자기 인식 능력'은 성장 마인드셋의 중요성을 강조한다. 그렇다면 성장 마인드셋을 만들고 유지하기 위해서는 구체적으로 어떻게 해야 할까?

스탠퍼드대학교 교육학 교수인 캐럴 드웩 박사는 저서 『마인드셋』을 통해 성장 마인드셋이라는 개념을 세상에 처음 알렸다. 드웩 교수에 따르면, 성장 마인드셋이란 자신의 지성과 능력이 성장하리라고 믿는 마음가짐을 뜻한다. '오늘은 제대로 해내지 못했지만 노력하면 얼마든지 할 수 있다'라고 생각하는 식이다.

반대로 '나는 어차피 능력이 부족하니 노력해봤자 아무것도 못할 거야'라는 생각은 고정 마인드셋fixed mindset에 해당한다. 한마디로, 지성이나 능력은 타고나는 것이며 노력만으로는 바뀌지 않는 고정된 가치라고 받아들이는 마음가짐이다.

드웩 교수가 연구를 통해 성장 마인드셋이 인간의 마음과 행동에 미치는 영향을 입증하면서, 수많은 교육학자와 심리학자들이 앞다투어 성장 마인드셋을 연구하기 시작했다. 최근에는 성장 마인드셋의 위력을 밝힌 뇌과학 연구 결과도 발표되었다. 우리의 뇌는 놀라울 만큼 유연해서 성인이 되고 나서도 적절한 훈련을 거치면 완전히 새로운 지식 또는 불가능해 보였던 기술을 습득할 수 있다는 것이다.[33]

1960년대까지만 해도 유아기와 유년기에 뇌가 집중적으로 발달되고 성인이 된 뒤에는 뇌의 구조적인 변화가 거의 일어나지 않는다는 게 학계의 중론이었다. 그러나 눈부신 기술 발전과 학자들의 거듭된 연구로 뇌의 가소성brain plasticity에 관한 새로운 사실들이 발견되고 있다. 이를테면, 어떤 경험이나 주변 환경의 자극을 받았을 때 뇌는 새로운 상황에 적응하기 위해 지속적으로 신경 회로를 만들고 기존의 신경 회로를 바꾸기도 한다. 그만큼 뇌의 학습 과정은 유연하게 이뤄지기 때문에, 당장 불가능해 보이는 것도 연습을 거듭하면 가능해진다.

이러한 뇌의 가소성을 의식하면서 성장 마인드셋을 갖추는 것은 우리의 마음과 행동에 긍정적 영향을 미친다. 성장 마인드셋을 지닌 사람은 새로운 일에 도전하고 고난을 이겨내며 주변의 비판이나 다른 사람의 성공 사례에서 배움을 얻을 수 있다.[34]

드웩 교수를 비롯해 여러 학자들이 발표한 연구 결과들은 성장 마인드셋이 구체적인 학습 효과를 불러온다는 사실을 명백하게 밝혀낸다. 한마디로, 성장 마인드셋이 아이의 성적까지 끌어올린다는 것이다. 미국의 고등학생 1만 2500명을 대상으로 성장 마인드셋 훈련 효과를 알아본 실험을 살펴보자.[35]

성장 마인드셋 훈련은 크게 두 단계로 구성됐다. 우선, 학생들에게 뇌의 가소성에 관한 뇌과학 연구 결과를 알려준다. 그다음에 학생들이 새로 알게 된 지식, 즉 인간의 지성과 능력이 성인이 된 뒤에도 크게 개선될 수 있다는 점을 다른 학생에게 설명하거나 서로 의견을 주고받으며 성장 마인드셋을 강화하게 한다. 연구진은 학생들을 두 그룹으로 나누어, 첫 번째 그룹에만 성장 마인드셋 훈련을 진행했다. 훈련은 회당 25분간 이뤄졌고, 일정한 간격을 두고 두 차례 반복했다.

그 결과, 성장 마인드셋 훈련을 받은 첫 번째 그룹의 학생들은 훈련을 받지 않은 두 번째 그룹의 학생들보다 성적이 향상되었다. 특히 성적이 낮았던 아이들의 평균 점수가 크게 올랐는

데, 아이들은 과목을 선택할 때 이전보다 어려운 것에 도전하는 모습도 보였다.

성장 마인드셋을 강화하는 3가지 방법

아이들의 성장 마인드셋을 강화하려면 어떻게 해야 할까? 마인드셋에 관한 최신 연구들이 제시하는 몇 가지 요령이 있다. 하나같이 스탠퍼드온라인고등학교가 수업과 과제에 적용하고 있는 방식이다.

첫째, 뇌의 가소성 같은 연구 성과를 적극적으로 다뤄, 학생들이 성장 마인드셋의 이미지를 그리는 것을 돕는다. 이때 가르치는 사람이 먼저 성장 마인드셋을 갖는 것이 중요하다. 부모나 교사가 고정 마인드셋에 사로잡혀 있으면 무심결에 아이들에게도 전염시킬 수 있기 때문이다.[36]

둘째, 성장 마인드셋의 스위치를 올릴 장치를 아이의 일상 곳곳에 심어둔다. 예를 들어, 우리 학교에서는 아이들에게 같은 과제를 다시 시키는 경우가 종종 있다. 교사가 보고서를 평가하고 피드백을 적어 학생에게 돌려주면, 학생은 보고서를 수

정해 다시 제출한다. 그렇게 처음 낸 과제보다 더 나은 평가를 받으면, 이것이 그 학생의 최종 성적이 된다. 학생에게 개선의 여지를 주는 '재고' 기회와 그것에 동기를 부여하는 '재평가'라는 보상이 주어지는 셈이다.

이러한 사소한 장치가 아이의 마음가짐에 미치는 영향은 엄청나다. 'B학점이라니…… 노력해도 소용없네'라는 고정 마인드셋에 빠지는 게 아니라, '처음엔 B학점이었지만 약점을 보완하니 A학점을 받았잖아!' 하고 성장 마인드셋을 스스로 강화하게 된다. 실제로 많은 학생들이 교사의 피드백과 조언에 따라 과제를 보완하기 때문에 훨씬 높은 평가를 얻는다.

셋째, 아이의 성장 마인드셋을 꺾지 않도록 주의한다. 사실 문제의 대부분은 부모나 교사가 무의식중에 던지는 한마디에서 나온다. 아이의 실패나 부족함을 지적하는 부정적인 말만 여기에 해당하는 것은 아니다. "만점을 받다니 역시 우리 딸은 똑똑해!", "아들아, 너는 뭐든지 할 수 있어" 같은 말들도 아이에게는 '완벽한 상태를 유지하지 못하면 나의 가치는 떨어질 거야' 하는 고정 마인드셋을 심어준다. 선의와 격려로 건넨 말이 성장 잠재력이 충분한 아이의 재능을 짓밟는 결과를 낳을 수 있는 것이다.

다음 장에서는 아이의 재능을 억누르지 않고 소중하게 키워주기 위해 우리가 알아야 할 8가지 요령을 소개해볼까 한다. 최신 과학에 근거한 이른바 '재능을 폭발시키는 기적의 방법'이다. 아이의 능력에 날개를 달아주고 싶은 부모와 교사들에게 분명 도움이 되리라고 믿는다.

STANFORD
ONLINE
HIGH SCHOOL

4장

아이의 재능을
폭발시키는
8가지 학습 전략

미국영재교육학회National Association for Gifted Children, NAGC에서 주관하는 콘퍼런스는 내가 해마다 참석하는 행사 중 하나다. 2019년에 열린 콘퍼런스에서 존스홉킨스대학교 교수이자 미국영재교육학회 회장인 조너선 플러커Jonathan Plucker와 이야기를 나눈 적이 있었다. 플러커는 영재에 관한 2가지 잘못된 믿음에 대해 말했다.

첫째, 영재는 내버려두어도 영재가 된다는 믿음이다. 한마디로, 똑똑한 아이는 어떤 상황에 놓여도 알아서 배워나가며 머리를 타고났기 때문에 가르칠 필요가 없다는 뜻이다. 아니, 너무나도 일반적인 영재론이 아닌가!

그러나 플러커 교수는 특출한 아이도 교육이나 주변의 지원이 없으면 재능을 꽃피우지 못한다고 말한다. 올림픽에 출전하려면 뛰어난 신체 능력 못지않게 적절한 훈련과 지원이 필수적인 것처럼 말이다. 학습도 마찬가지이다. 아이의 적성과 재능에 따라 배움의 방향과 전략, 최적의 환경이 조성되어야만 한다.

둘째, 영재는 성적이 좋다는 믿음이다. 영재가 곧 성적 우수자, 즉 다른 학생보다 학습 속도가 빠르고 고득점을 받으리라고 생각하는 것이다. 이 또한 영재를 둘러싼 통설이다. 이번에도 플러커 교수는 적절한 지원이 영재를 완성시킨다고 강조한다. 어려서는 신동 소리 듣던 아이였는데 지금은 성적이 바닥이라면, 아이의 재능이나 적성에 맞는 학습 지원이 제대로 이뤄지고 있는지 반드시 살펴봐야 한다.

영재교육에 관한 연구 결과를 보면, 워낙 아이들의 재능이 가지각색이라 공교육 구조에 적응하지 못하는 영재 아이들이 상당히 많다는 걸 알 수 있다. 재능이 뛰어난 아이들은 틀에 박힌 관념에서 벗어나 유연하게 사고하는 법을 일찍 익히는데, 이들의 돌출 발언이나 행동은 유감스럽게도 평범한 공교육 현장에서는 무시되기 쉽다. 이러한 과정을 거치면서 아이들은 적극적으로 배우려는 태도를 접고 성적과 학습 의욕이 곤두박질치는 악순환에 빠진다.

아이의 재능을 얼마나 일찍 발견하고 그에 걸맞은 학습 환경을 제공하는가가 중요하다. 영재의 자질이 보이는 아이도 내버려두면 평범해질 수밖에 없다. 적재적소의 지원과 애정 어린 관심으로 재능을 북돋아야 한다.

서문에서 아이의 재능을 꺾는 잘못된 믿음을 바로잡았다면, 이번 장에서는 아이의 재능을 폭발시키는 8가지 요령을 소개해보겠다.

전략 1. 학습의 축을 가르침에서 배움으로 : 학육에 관하여

아이의 재능을 증폭시키기 위해 가장 중요한 단서는 '학육^{學育}'에 있다. 내가 줄곧 제안했던 개념이기도 한데, 가르치는 사람의 관점에 치우친 '교육'이라는 단어에 맞서는 표현이다.

교육이란 무엇일까? 단어의 의미를 그대로 풀면, 교사가 학생을 '가르쳐 기르는' 일이다. 그 관점으로 교육에 접근하면 교사의 역할이나 수업의 구성 및 방식 등을 가장 먼저 떠올리게 된다. 교사는 무엇을 해야 할까? 강의 내용이 적절한가? 커리큘럼이나 수업 방식은 효과적인가? 이렇듯 가르치는 쪽에 초점을 맞추면, 아이들을 단순히 '교육을 받는' 수동적 존재로 취급해버릴 위험이 있다.

그러나 학생의 배움이야말로 교육의 궁극적인 목표가 아니겠는가. 아무리 숙련된 교사가 최고의 교재로 명강의를 진행한들, 그것을 받아들이는 학생이 학습에 몰두하지 못하면 의미가 없다. 나를 비롯해 우리 학교 선생님들이 할 수 있는 일도 기껏해야 아이가 지닌 능력을 보조하는 것일 뿐 그 이상을 넘어서지 못한다.

이제는 교육의 관점을 가르치는 사람에서 배우는 사람에게로 돌려야 한다. 아이가 '배우고 자라는' 시점을 눈여겨보며 최적의 학습 환경을 조성하는 일이 내가 생각하는 학육의 핵심이다. 학육을 통해 배움의 주체인 아이를 중심으로 생각하며 아이에게 딱 맞는 학습 방식을 모색하자. 이때 주의해야 할 점은 평판이 좋은 공부법이나 교재를 맹신하지 않는 것이다. 다른 아이들이 효과를 봤다고 해서 우리 아이에게도 들어맞는다는 보장은 없으며 오히려 실망감만 커질 수 있다. 유행과 입소문에 기대지 말고, 아이에게 안성맞춤인 학습 환경을 찾는 데 집중하기를 바란다.

몇몇 사람들은 의심과 불안이 가득한 눈초리로 이렇게 물을지도 모른다. "학육의 관점에서 아이가 잘 배우고 자라도록 도와야 하는 것은 알겠습니다. 하지만 부모로서, 교사로서 아이를 가르치는 걸 삼가야 한다는 말인가요? 인간의 배우려는 본성만 믿고 어떻게 아이를 들판에 내놓을 수 있죠?"

자자, 진정하시라. 이런 의문과 반론이 나오는 것은 당연하다. 이에 관해 몇 가지 사실들을 제대로 짚어두겠다.

학육은 결코 가르침의 필요성을 부정하는 개념이 아니다. 가르치는 사람에게 치우치기 쉬운 교육의 초점을 배우는 아이에게로 돌려, 과거와 현재의 교육 방식이나 학습법을 전면적으로 재검토하자는 뜻이다.

기존의 교육 방식 중에서 효과적이고 실용적인 부분은 취해야 마땅하다. 예컨대, 세세한 지도가 아이의 학습을 방해한다는 말만 듣고 가르치는 행위 자체를 그만두는 것은 그야말로 어불성설이다. 오히려 배움의 과정에 가르침이 필수적이기 때문에 그 안에 내재한 근본적인 위험을 의식하는 방향으로 나아가야 한다. 즉, 가르치는 사람에게 편향되어 있던 기존의 '교육'과 주체적인 배움을 지향하는 '학육'을 조합해 약점은 보완하고 강점은 극대화하는 것이다.

가르침 없이 배움은 성립되지 않는다. 동시에 배움을 염두에 두지 않고 가르칠 수도 없다. 따라서 부모와 교사는 교육과 학육 양쪽의 가치가 동반 상승하는 최적의 균형점을 찾아야 한다. 물론 학교마다 추구하는 목적이나 경제적 자원에 차이가 있고 아이늘도 지금까지 배워온 것이나 공부 동기가 제각기 다르기 때문에 모두에게 적용 가능한 균형점은 존재할 수 없다. 한마디로, 만능 교육, 만능 학습법은 세상 어디에도 없다.

우리가 따라야 할 이상적인 형태가 있다면, 하나의 학습법에 의지하지 않고 배움의 주체인 아이의 변화와 성장 과정을 주의 깊게 관찰하면서 아이에게 최적화된 학습 조건을 마련하는 것이다.

가르치는 쪽의 관점만 중시하던 근대 교육 시스템은 개혁의 도마 위에 올라왔다. '학생이 주도하는 학습'은 이미 거대한 트렌드로 자리 잡았고 그런 흐름은 점차 가속화되고 있다. 여러 학교와 기관들도 기존에 누적된 문제를 보완하고 해결하기 위해 교육에서 학육으로 옮겨가고 있다. 이런 변화의 바람은 앞으로도 계속 불어올 것이다.

전략 2. 선의의 낙인찍기를 멈춰라 : 고정관념 위협

"수학을 어려워하는 걸 보니 너는 타고난 문과형 인간이구나."

"역시 여자아이라 언어에 강해!"

"아버지를 닮아서 공부를 참 잘하는구나."

"재수해서 남들보다 나이가 한 살 더 많으니까 암기 과목에서 불리할 거야. 그러니 더 노력해야 해."

혹시 당신도 아이에게 이렇게 말하고 있지 않은가? 의도가 어떻든 간에 무심코 던진 한마디가 아이에게 보이지 않는 낙인을 찍어버릴지도 모른다.

스탠퍼드대학교 심리학과 교수 클로드 스틸Claude Steele의 실험을 계기로 폭넓게 연구된 현상이 있다. 바로 고정관념 위협 stereotype threat이다.

고정관념이란 어떤 대상 또는 집단을 바라볼 때 인종, 성별, 나이 등의 속성에 주목하여 일반화한 견해나 사고방식을 말한다. '흑인은 백인보다 신체 능력이 뛰어나다', '아시아인은 똑똑하다', '남성은 여성보다 이공계 분야에 탁월하다', '나이가 들수록 기억력이 떨어진다' 같은 믿음이 고정관념의 대표적인 예이다. 그 의도가 긍정적이든 부정적이든 간에, 한번 깊이 뿌리내린 고정관념은 사실과 다르다는 것이 증명되어도 좀처럼 바뀌지 않는다.

그러나 고정관념이 정말 무서운 이유는 따로 있다. 고정관념의 대상이 되는 순간 이를 의식하는 것만으로도 능력과 역량을 제대로 발휘하지 못하는 것이다. 이러한 현상을 고정관념 위협이라고 한다.

스틸 교수의 연구팀이 진행한 실험을 살펴보자. 당시만 해도 미국 사회에는 '아프리카계 미국인은 지능이 낮다'는 부정적인 고정관념이 존재했다. 이 점에 착안하여 연구진은 아프리카계 미국인 학생들을 두 개의 그룹으로 나눠 실험을 진행했다. 첫 번째 그룹에는 "이제부터 지능 테스트를 할 겁니다"라고 말하고, 두 번째 그룹에는 "간단한 실험용 테스트를 풀어볼 겁니다"라고 전달한 뒤 똑같은 문제로 시험을 보게 했다. 결과는 어땠을까? 지능 테스트임을 알고 있던 첫 번째 그룹의 성적은 실험용 테스트라고 안내받은 두 번째 그룹의 성적보다 무려 30%나 낮았다.[37]

첫 번째 그룹의 학생들은 지능 테스트를 본다는 얘기를 들었을 때 '아프리카계 미국인은 지능이 낮다'는 부정적인 고정관념을 의식할 수밖에 없다. 그리고 점수가 낮게 나올 경우를 가정하며 심리적 압박감에 시달렸다.

'정말 아프리카계라서 지능이 낮은 거라면 어쩌지?'

'나 때문에 다른 아프리카계 미국인들이 한꺼번에 무시당하는 일은 없어야 할 텐데.'

아이러니하게도 성적은 정말로 낮게 나왔다. 고정관념을 의식했을 뿐인데 결과적으로 고정관념을 실현해버린 것이다.

그 밖에도 다양한 고정관념 위협이 존재한다는 것이 연구 결과로 밝혀졌다. '여성은 이공계 과목에 약하다'는 고정관념도 대표적인 예인데, 여성이 스스로 여성임을 의식하고 수학 시험을 치르면 그렇지 않을 때보다 성적이 낮게 나온다고 한다.[38]

고정관념 위협은 학습에서도 예외가 아니다. 아이를 지원하는 과정에서 언제든 이런 종류의 고정관념 위협이 생겨날 수 있음을 부모와 교사가 새겨두어야 한다. 아이를 틀 안에 가두고 어떤 형태로든 낙인을 찍어버리는 순간, 아이는 그 낙인을 지나치게 의식하게 되어 자신의 재능과 능력을 제대로 펼치지 못할 가능성이 높다.

그런 점에서 "수학을 어려워하는 걸 보니 너는 타고난 문과형 인간이구나"라는 말은 금기에 가까운 표현이다. 아이를 문과 성향으로 단정 지은 데다, 문과생은 수학에 약하다는 부정적인 고정관념까지 전달하기 때문이다. 어쩌면 무심결에 던진 그 한마디 때문에 아이의 수학 성적은 정말로 떨어질 수 있다. 아이 스스로 '나는 문과형 인간이니까 수학을 못해'라고 생각한다면 특히나 조심해야 한다.

긍정적 고정관념도 문제가 되는 것은 마찬가지이다. "역시 여자아이라 언어에 강해!", "아버지를 닮아서 공부를 참 잘하는구나" 같은 표현은 칭찬처럼 보이지만, 성별이나 혈통처럼 태어나면서 주어진 조건에 낙인을 찍어버렸다.

이미 부여받았거나 변치 않는 속성에 대한 긍정적인 기대는 아이에게 필요 이상의 부담이 될 수도 있다. 나중에 영어 실력이 좀처럼 늘지 않거나 국어 성적이 곤두박질친다면 아이는 어떤 생각이 들까? '여자인데 국어를 못하다니', '아버지를 닮았다는데 왜 이 모양이지?' 하고 자책할 것이다. 어쩌면 바꾸기 힘든 자신의 천성이나 조건을 긍정하기 위해 엄청난 압박감에 시달리며 공부할지도 모른다. 아이를 격려하고 북돋는 것처럼 보이는 긍정적인 고정관념도 간과해서는 안 될 위험 요소임을 명심하자.

전략 3. 실수에 대한 면역력을 키워라 : 아이의 실수에 지혜롭게 대처하는 법

학육 중심의 사고방식은 아이의 실수에 대처할 때에도 필요하다. 실수한 아이에게 부모와 교사가 부정적 단어들을 마구 내뱉는 것은 아이를 주눅 들게 만들 뿐 아니라 학습에도 악영향을 미친다. 그보다는 아이의 배우려는 태도를 칭찬하고 아이가 실수 앞에 위축되지 않도록 힘을 길러줘야 한다.

실수는 배움의 과정에 필수적이고 효과적인 경험이다. 스스로의 능력이나 기술을 개선할 기회로 아이가 실수를 긍정적으로 받아들이도록 도와주자.

최근에 빌표된 뇌과학 연구 결과에 따르면, 아이가 실수했을 때 뇌의 작용이 활발해지고 높은 학습 효과를 얻을 수 있다.[39] 아이에게 '실수는 피할수록 좋다'라는 생각을 심어주고 그렇게 행동하도록 습관을 들이면 효과적인 학습 기회를 놓쳐버리는 셈이다.

"이렇게 쉬운 문제를 왜 풀지 못하니? 실망인데. 다시 해봐."

부모로서, 선생으로서 답답한 마음에 아이에게 이렇게 말하지는 않았는가? 호되게 꾸중하는 것 같으면서도 비슷한 단어를 연발하는 훈계 방식이 좋지 않은 이유를 살펴보자.

우선, '실망'이라는 말로 혼내는 쪽의 부정적인 주관을 표현해서는 안 된다. 아이의 입장에서는 열심히 문제를 풀었는데 그 노력의 결과가 눈앞의 소중한 사람을 실망시켰다고 느낄 수 있다. 당연히 그런 자괴감은 아이의 학습 의욕만 꺾을 뿐이다.

칭찬할 때에는 '굉장하다', '기쁘다' 같은 주관적인 감정을 드러내도 무방하지만, 아이가 실수하거나 기준에 못 미치는 성과를 낸 경우에는 감정 표현을 삼가기를 바란다. 그 대신에 상황을 객관적으로 바라보며 무엇이 어떻게 틀렸는지를 설명하고 아이 스스로 다음 단계로 나아가도록 의욕을 북돋우는 게 중요하다.

둘째, '쉬운 문제'라고 단정 짓지 말아야 한다. 누군가 '간단한 문제'라고 규정하는 순간 아이는 커다란 딜레마에 빠진다. '간단한 문제이니까 답을 맞혀야 하는데, 왜 나는 그게 안 될까?' 결국 아이는 스스로를 자책하며 공부를 멀리할 수밖에 없다.

부모와 교사의 입장에서는 쉬워 보일지 모르지만, 문제나 수업의 난이도는 아이의 학습 능력을 기준으로 판단해야 한다. 맞힌 문제보다 틀린 문제가 많다며 아이를 몰아붙이기 전에, 수업이나 교재가 아이의 학습 진도에 맞는지를 살펴보자. 더불어, 부족한 부분을 보완하기 위해 구체적으로 어떤 것이 필요한지도 따져봐야 한다.

셋째, 어떠한 격려도 없이 무작정 다시 해보라고 압박하지 않는다. 물론 반복연습이 필요한 경우가 있지만, 한번 막혀버린 문제를 계속 붙잡기만 해서는 결코 답을 얻을 수 없다. 오히려 아이는 스스로 실패했다는 생각에 사로잡힌 나머지 공부 자체에 혐오감을 가질지도 모른다. 문제를 한 번 더 풀어보기를 권할 때에는 아이의 재도전을 격려하는 단계를 반드시 거쳐야 한다.

도전이 있기에 실수도 생겨나는 것이다. 어떤 문제를 푸는 과정에서 아이가 실수를 저질렀다면, 실수를 지적하는 대신에 문제에 도전하고 고민한 것을 칭찬해주자. '덕분에 새로운 것을 배울 기회가 생겼다'라고 생각할 수 있도록 아이에게 실수에 대한 긍정적인 인상을 심어주는 것이다.

아이가 실수했을 때의 대처법을 정리하면 다음과 같다.

1. 실수는 최고의 학습 기회임을 알려준다.

2. 아이에게 고정관념을 씌우지 않는다.

3. 부정적 감정 표현은 자제한다. 어디가 틀렸는지를 객관적으로 짚어준다.

4. 문제나 수업이 아이의 학습 진도에 맞는지 생각해본다.

5. 다시 문제를 풀게 할 때에는 약간의 단서를 준다.

6. 도전했다는 점을 칭찬한다.

이에 따라 훈계 방식을 바꿔보면 다음과 같을 것이다.

"문제가 어려웠나 보네. 그래도 잘 도전했어. 여기가 이렇게 되니까 아까처럼 접근하면 안 돼. 이것, 이것에 주의하면서 다시 풀어볼까?"

아이가 문제를 풀어보지도 않고 모르겠다며 포기하는 상황에서도 이 대처법을 적용하면 된다. 모르는 게 무엇인지를 아이가 알고 있다면 나름대로 고민은 해봤다는 뜻이다. 우선, 그 시도를 인정해준 다음, 문제에 접근하는 방식에 대해 단서를 건네어보자. 때때로 아이들은 모르겠다는 말로 '하기 싫다'는 의사를 표현하기도 한다. 그럴 때에는 지금의 공부법이나 교재, 학습 환경이 아이와 안 맞는 것은 아닌지 의심해보고 개선의 여지가 있는 부분을 바꿔볼 수 있다.

전략 4. 스스로 생각하고 결정할 기회를 준다 : 자기 주도적 학습

아이가 실수에 위축되지 않도록, 결과보다는 도전하고 노력하는 자세를 칭찬하고 자기 주도적 학습의 기회를 만들어보자. 아이가 자신의 생각을 표현하고, 스스로 세운 목표와 계획에 따라 공부하며, 깊이 사고할 수 있는 환경을 마련하는 것이다.

앞에서도 말했지만, 강의식 수업으로 대표되는 기존의 학습 환경은 아이를 수동적으로 만든다. 따라서 아이가 주체적으로 표현하고 결정하며 생각할 기회가 충분한지를 염두에 두고 학습 환경을 조성하는 것이 좋다. 처음에는 아이 스스로 느낌과 생각을 드러내보는 시간을 자주 가져보자. 일방적으로 설명만 길게 늘어놓는 것은 금물이다. 적극적 경청active listening으로 대화를 이끌어가되, 어디까지나 말하는 주체는 아이, 부모와 교사는 듣는 사람이 되어야 한다. 아이의 말을 인용하며 정리하거나 질문하고 공감을 드러냄으로써 아이가 자기 생각을 표현할 수 있게 분위기를 조성한다.[40]

설명해야 할 것이 있다면 몇 가지 포인트로 나눈다. 그러고 나서 아이에게 설명 내용을 정리해보도록 하거나 궁금한 것은 없는지 확인하고, 아이가 자신의 입장이나 생각을 말할 기회를 준다. 아이가 수동적 청자가 되지 않도록 설명은 짧게 끝내며, 활발하게 대화를 주고받는 것이 가장 이상적이다. 물론 부모나 교사가 말을 할 때에는 아이가 경청하게 한다. 설명에 대한 코멘트를 준비시키는 것도 효과적이다. 이를테면 "내가 무슨 말을 하는지 듣고 네가 다시 설명해보렴", "질문거리를 하나 생각해둬"라고 일러둔 뒤에 설명을 시작하는 식이다. 그러면 아이는 목적을 갖고 듣게 되기 때문에 설명 내용에 더 집중할 수 있다.

뭔가를 읽고 쓰게 할 때에도 마찬가지이다. 갑자기 책 한 권을 읽고 감상을 적으라고 하면 아이에게 부담을 줄 뿐이다. 그보다는 장별로 질문이나 과제를 건네는 식으로 아이가 표현할 여지를 가급적 많이 만드는 게 좋다.

읽기, 쓰기를 말하기와 조합하는 방법도 효과적이다. 아이와 활발한 대화를 이어가면서 질문에 대한 답이나 설명 내용을 글로 정리해보게 하는 것이다. 일상의 소통 현장에서는 읽기와 쓰기, 말하기 등이 다양하게 혼용되기 때문에, 그때그때 상황에 맞는 표현 방식을 선택하는 훈련이 필요하다. 이와 같이 생각과 경험을 드러내는 경험을 쌓다 보면, 아이는 자기를 표현하는 데에 능숙해지고 내면을 깊이 들여다볼 수 있다. 그리고 이것이 자기 주도적 학습으로 향하는 지름길이다.

자기표현력 못지않게 중요한 것이 바로 스스로 결정하는 힘이다. 그렇다면 자기 결정 능력은 어떻게 길러줄 수 있을까? 방법은 생각보다 간단하다. 아이가 학습 환경 만들기에 적극 참여하고 학습의 목표와 계획을 직접 세울 기회를 늘리면 된다.

아이의 상황에 맞춰 단계별로 차근차근 연습해나가자. 처음에는 다음에 풀 문제나 공부할 과목을 고르는 일처럼 간단한 선택권을 주는 것부터 시작한다. 그러다가 서서히 선택의 폭과 권한을 넓혀서 학습 목표를 정하고 공부 계획을 세우게 하는 것이다. 목표 설정과 자기평가의 원칙에 관해서는 뒤에서 자세히 설명하겠다.

학교교육에도 이 방법을 적용할 수 있다. 아이에게 과제를 직접 고를 권한을 주고 그 선택의 범위를 조금씩 넓히면 효과적이다. 프로젝트 주제 정하기, 답하고 싶은 질문 고르기, 말로 설명할지 글로 설명할지 택하기 등, 다양한 선택지를 주고 아이가 스스로 선택하도록 훈련시킨다.

이때 아이가 자기 머리로 깊이 사고할 기회를 충분히 제공해야 한다. 배운 내용을 곰곰이 생각하고 질문거리를 떠올리며 이해도를 높이는 것, 그리고 이러한 적극적 사고방식을 습관화하는 것이 중요하다. 아이에게 그날 예습한 내용을 설명하게 하거나, 질문을 통해 아이의 생각을 일으킬 수도 있다. 다음과 같은 질문을 건네며 아이에게 생각할 계기를 만들어주면 어떨까? 물론 아이 스스로 같은 질문을 던져보도록 유도해도 좋다.

- "예를 들어 어떤 것?" → 구체적 예를 생각하기.
- "어떤 원리로 그렇게 될까? → 이유나 근거, 전제 찾기.
- "반대 의견은 어떤 게 있지?" → 반대의 입장을 상상하기.
- "어떤 점이 비슷하지(또는 다르지)?" → 공통점이나 차이를 발견하기.
- "그러면 어떻게 될까?" → 귀결이나 결과를 예측하기.

입시라는 현실 때문에 정해진 교과과정을 일정한 기준으로 이수해야 하는 상황이라면, 이 모든 것을 나중으로 미루고 싶어질지도 모른다. 하지만 그러한 학습 환경은 아이를 배움에 수동적으로 만들어, 훗날 아이가 대학에 들어가거나 사회생활을 시작할 때 어떤 형태로는 아이의 발목을 잡는다. 가능한 한 천천히, 아이가 깊이 생각할 시간을 쌓아가자. 멀리 보면 분명히 좋은 결과로 이어진다. 아이가 스스로 질문하고 생각하는 습관을 들일 때까지 어른들이 너그럽게 기다려줄 필요가 있다.

전략 5. 학습법을 학습하라 : N가지 접근의 중요성

아이가 배움을 통해 익히는 것은 특정 과목의 지식이나 기술만이 아니다. 어떻게 배울 것인지, 즉 학습 방식도 터득하게 된다.

다양한 학습법을 접하고 습득할 수 있는 환경을 만들어주는 것도 아이의 재능을 깨우는 중요한 포인트이다. 급속하게 변모하는 사회에서 아이들은 이제까지와는 다른 과제와 프로젝트를 수행하고 새로운 지식과 기술을 재빠르게 익혀야 한다. 그런 점에서 상황에 따라 자신에게 필요한 것을 효율적으로 배우는 능력이야말로 아이들에게 필수적이다.

학습법을 여러 가지 습득해두고 적재적소에 활용할 수 있다면, 눈앞에 어떤 과제가 주어져도 아이가 자신의 재능을 최대한 끌어올릴 수 있다. 곤란한 상황일수록 손에 쥔 패가 많아야 가장 나은 해결책을 찾을 수 있는 법이다.

다양한 학습 방법의 실효성은 뇌과학 연구로도 증명되었다. 모두에게 통하는 유일하고 뛰어난 공부법은 존재하지 않으며, 여러 방식으로 배우는 게 효과적이라는 점은 시문에서 살펴보았다.

2+3=5라는 단순한 계산식을 익힌다고 해보자. 기호로 이해하는 것에서부터 그림으로 그려보기, 손가락으로 헤아려보기, 소리 내어 세어보기까지 다양하게 접근할 수 있다. 이때 어떤 방법을 쓰는가에 따라 활성화되는 뇌의 영역이 조금씩 달라지는데, 똑같은 계산식이라도 여러 방향으로 접근하고 이해하면 각각의 뇌 영역 사이에 연결이 강화되어 학습에 최적화된 상태가 만들어진다.[41] 실제로 수많은 위업을 달성한 사람들의 뇌를 분석해보면, 뇌의 여러 영역이 유독 강력하게 연결되어 있음을 알 수 있다.[42] 즉, 다양한 관점과 방식으로 배워야 유연하고 창조적인 사고방식이 가능해지는 것이다.

자기 주도 학습에서도 학습 방식의 다양화는 중요하다. 정해진 대로 공부하는 것이 습관으로 굳어지면, '어떤 것이 문제일까?', '다른 대안은 없을까?' 하고 고민할 기회조차 주어지지 않는다. 다양한 방식을 염두에 두고 현재의 공부법이나 학습 환경을 돌아볼 때 비로소 아이 스스로 배움을 주도하고 설계할 수 있다.

이를 위해 부모와 교사는 구체적으로 어떤 도움을 주어야 할까?

우선, 지금 따르고 있는 학습법에 문제가 없는지 아이가 직접 살펴볼 기회를 만든다. 노트 필기에서부터 교과서 읽기, 예습과 복습, 시험 준비 등 평소의 학습 루틴을 세세하게 적어보는 것이다. 이렇게 간단한 작업만으로도 아이는 자신의 습관을 돌아볼 수 있다. 기존의 학습 방식에서 개선해야 할 부분이 있다면, 아이 스스로 대안을 고민해보게 하거나 세간의 주목을 받는 몇몇 공부 모델을 아이에게 소개해주자. 구체적인 개선안이나 방법을 억지로 밀어붙이는 건 금물이다. 부모와 교사의 역할은 어디까지나 조언에 그쳐야 하며, 최종 선택은 아이에게 맡긴다.

어쩌면 아이가 자신에게 맞는 학습법을 좀처럼 찾아내지 못할 수도 있다. 또는 개선의 효과가 당장 드러나지 않을지도 모른다. 얼마든지 생길 수 있는 현상들이니 조급해하지 말자. 하루아침에 가능한 일이 아님을 명심하고 시간을 두면서 끈기 있게 지켜봐야 한다. 아이가 학습 방식을 스스로 확립해가는 것이 무엇보다 중요하다.

아이가 적당한 학습법을 발견한 뒤에도 그 밖의 다양한 학습법을 지속적으로 접하며 습득할 수 있도록 지원해주길 바란다. 물론 아이가 선호하는 학습법이 있으면 좋지만 하나의 방법에만 집착하는 것은 위험하다. 머지않아 지금과는 다른 환경에서 배울지도 모르고, 제한된 시간 안에 낯선 문제를 풀어야할 때 익숙했던 방법이 통하지 않을 가능성도 있다. 따라서, 다양한 학습 방법을 모색하면서 새로운 접근도 가능하다는 것을 아이에게 알려주면 좋다. 아이의 공부가 순탄하게 이뤄지고 있어도 지금보다 더 나아질 계기를 마련할 수 있다.

전략 6. 목표 설정과 자기평가의 루틴을 만들라 : 에프론의 심플 목표 설정법

지금 따르고 있는 학습 방법이 효과적인지 아닌지를 판단하려면 어떤 형태로든 평가가 필요하다.

"그냥 편하고 익숙해요."

"능률이 좋아진 것 같아요."

"공부할 마음이 조금 생겼어요."

이러한 단편적인 감상도 하나의 단서가 될 수는 있지만, 좀 더 명확하게 파악할 필요가 있다.

이때 중요한 열쇠가 바로 학습 목표이다. 목표를 얼마나 달성했는지에 따라 학습법의 효과를 가늠해볼 수 있기 때문이다. 목표를 기준으로 성과를 세세하게 평가해두면, 학습 방법과 계획을 수정하거나 목표 자체를 바꿀 때 유용한 근거가 된다.

목표 설정과 자기평가의 습관화는 섬세하고 유연한 학습 태도로 이어진다. 메릴랜드대학교 심리학과 교수인 에드윈 로크Edwin Locke는 목표 설정이 어떻게 우리의 동기를 유발하여 탁월한 성과를 만드는지를 과학적으로 증명했다. 로크 교수는 목표 설정 이론Goal Setting Theory을 고안한 선구자로, 목표 설정의 주된 효용을 크게 4가지로 봤다.[43]

- 집중력이 높아진다.
- 의지가 강해진다.
- 어떤 일에 끈기 있게 오랫동안 몰두한다.
- 보유한 지식과 기술을 동원해 해결할 수 있는 일을 금방 찾아낸다.

지금까지의 연구 결과만 봐도, 목표를 설정한 사람이 그렇지 않은 사람보다 큰 성과를 낸다는 것을 분명하게 알 수 있다.

효과적인 목표 설정법에는 여러 가지가 있다. 인사관리 전문가이자 《하버드비즈니스리뷰》의 인기 칼럼니스트인 마크 에프론Marc Effron은 3가지만 명심하면 누구나 성공적인 목표를 세울 수 있다고 말한다. 목표가 구체적인지specific 자신에게 얼마나 중요한지important 측정 가능한지measurable를 살펴야 한다는 것이다. 에프론은 기준으로 제시한 3가지 키워드의 머리글자를 따서 이를 '심플SIMple' 목표 설정법이라고 소개했다.[44]

- **구체적인 목표**specific goal

  목표는 명확하고 구체적이어야 한다.
- **중요한 목표**important goal

  목표는 자신의 현실에서 중요한 것이어야 한다.
- **측정 가능한 목표**measurable goal

  목표는 수치로 측정하여 평가할 수 있어야 한다.

예컨대, "좋은 결과를 내자"라는 것은 '심플한' 목표가 아니다. 너무나 추상적일 뿐 아니라 일정한 수치로 측정할 수 없기 때문이다. 당연히 그 목표가 현실적인지, 중요한지도 모호하다.

심플 목표 설정법에 따라 이를 바꿔보면, "다음 달에는 이번 달보다 10% 높은 매출을 올리자" 정도가 될 수 있다. 일단, 어떤 결과를 추구하는지가 수치와 기한으로 구체화되어 있다. 물론 이것이 현실적이고 중요한 목표인지는 전후 맥락을 더 살펴봐야겠지만, 기업이나 영업과 관련된 부서라면 당연히 매출 성장을 주요하게 생각할 것이다.

한편, 달성 시점에 따라 목표를 단기와 장기로 나눠 세우는 것도 필요하다. 에프론의 심플 목표 설정법은 목표와 성과에 대해 구체적인 상을 그리는 데 초점을 맞추고 있어 단기 목표에 적합하다. 단기 목표는 아이의 학습 진도나 수업 이해도를 파악할 때 용이하다. 물론, 학생 스스로 목표 달성 수준을 평가하는 것이 뒷받침되어야 한다.

단기 목표 설정과 자기평가에 익숙해진 다음에는 장기적이고 한 단계 높은 목표를 세운다. 목표가 높을수록 성과가 올라간다는 사실은 연구로도 밝혀졌다.[45] 아이가 실현 가능하면서도 높은 목표를 설정할 수 있도록 격려하자.

장기 목표를 세울 때에는 목표 달성을 위해 매일 할 일을 계획해야 한다. 목표만 크고 구체적인 실천이 뒤따르지 않는다면 무슨 의미가 있겠는가. 그날그날의 단기 목표를 달성해나가며 장기 목표에 이르는 과정을 기록하다 보면, 목표의 실현 가능성뿐 아니라 의욕도 높아진다. 요령을 하나 알려주자면, 하루의 목표나 최근 며칠 동안 목표 등 기간을 잘게 쪼개어 목표를 세우면 좋다.

단기 목표들은 장기 목표와 함께 기록으로 남겨둔다. 그리고 각각의 단기 목표를 달성할 때마다 자기평가를 시행해 아이가 목표를 향해 얼마나 전진하고 있는지를 점검한다.

'단기 목표를 달성했는가?'

'달성했다면 장기 목표에 어느 정도 가까워졌는가?'

'달성하지 못했다면 무엇이 문제였는가?'

'그 문제를 해결하려면 어떤 방법을 써야 하는가?'

이에 관한 내용을 간단한 메모라도 좋으니 기록해두자. 훗날 목표를 개선하는 데에 도움이 된다.

이렇듯 목표 설정과 자기평가를 습관화하면 아이를 자기 주도적 학습으로 이끌 수 있다. 단기 목표를 통해 아이의 학습 진도를 파악하며 장기 목표와 어긋나는 지점을 발견하기도 쉽다. 그런 경우에는 주저하지 말고 학습 목표와 계획을 다시 세우게 하자. 상황에 맞춰 아이 스스로 목표를 유연하게 조정하고 목표 의식을 끌어올리는 경험은 아이에게 중요한 자산이 된다.

실제로 직장인 중에서 한번 세운 목표는 바꾸기 어렵다고 믿는 사람은 이직률이 높다. 자신의 목표 의식이나 열정에 지나치게 심취한 나머지 주위 환경이나 현실의 변화에도 제때 움직이지 못하는 것이다.[46]

아이가 자기 주도적 학습 습관을 익혔다고 스스로 판단을 내려도, 외부로부터의 평가는 필요하다. 특히 처음부터 아이가 알아서 목표를 세우고 평가하기란 어렵기 때문에, 어느 정도 익숙해질 때까지는 부모와 교사가 시범을 보이거나 예시를 소개하는 식으로 도움을 줄 필요가 있다. 물론, 이때에도 아이의 입장이나 결정을 반영하는 데 집중하고 어른들의 생각은 주입하지 말아야 한다.

지금까지 설명한 목표 설정과 자기평가의 원칙을 정리하면 다음과 같다.

1. 심플 목표 설정법에 따라, 구체적이고 중요하고 측정 가능한 목표를 세운다.
2. 단기 목표 설정과 자기평가부터 시작한다.
3. 2의 과정에 익숙해지면, 실현 가능한 범위에서 장기 목표를 세운다.
4. 장기 목표에 도달하기 위한 단기 목표들을 배치한다.
5. 단기 목표를 달성할 때마다 자기평가 기록을 남긴다.
6. 목표치와 실제 달성한 결과의 간극이 크다면 목표나 계획을 조정한다.

전략 7. 우리가 아이의 롤 모델이다 : 철학적 롤 모델의 37가지 조건

아이는 가장 가까운 곳에서 교류하는 부모와 교사를 보면서 배우고 자란다. 우리의 존재는 아이의 학습 환경에서 많은 부분을 차지하고 있으며, 우리의 생각과 삶의 방식은 아이에게 영향을 크게 미친다. 따라서 아이에게 바라는 태도나 습관이 있다면 몸소 실천해보자. 필요하다면 스스로를 바꿀 수도 있어야 한다. 아이의 자기 주도적 학습을 위한 롤 모델로 행동하는 것이 핵심이다.

아이들은 주위 사람들의 행동을 관찰하고 모방하며 배워간다. 이와 관련된 연구로는 스탠퍼드대학교 심리학부 명예교수 앨버트 밴듀라Albert Bandura의 보보 인형 실험이 유명하다.

이 실험에 따르면, 어른이 비닐로 만든 보보인형을 향해 공격적으로 행동하는 장면을 봤던 아이는 공격적인 행동을 똑같이 따라 했다. 반대로 어른이 인형을 상냥하게 다루는 모습을 봤을 때 역시 아이는 그 행동을 모방했다. 친절이나 차별 행동의 전파에서도 결과는 마찬가지였다.[47] 주위 어른의 행동이 아이의 행동에 영향을 미친다는 것을 명확하게 보여주었다는 점에서, 이 연구는 사회적 학습이론social learning theory에 한 획을 그었다는 평가를 받는다.

이러한 연구 결과로 알 수 있듯, 올바른 학습 자세에 관해 말로만 지시하거나 조언한다고 해서 아이가 그것을 제대로 익히고 따르지는 않는다. 가장 빠른 지름길은 부모와 교사 스스로 모범이 되는 것이다. 아이에게 기대하는 습관이나 태도를 몸소 보여주는 일은 아이의 재능을 깨우는 과정에서도 중요하다.

특히 구태의연한 상식이나 틀에 얽매이지 않고 유연하게 생각하는 힘은 모든 분야에 필요한 역량이다. 그러나 독창적이고 유연한 사고 능력은 사칙연산을 익히듯 간단명료하게 습득할 수 없다. 스탠퍼드온라인고등학교가 철학 필수 과정을 고안한 이유도 여기에 있는데, 철학적 사유를 통해 다양한 접근법을 모색하도록 아이들을 체계적으로 훈련시키는 것이다.

철학 필수 과정처럼 별도의 커리큘럼을 두는 것 외에도 할 수 있는 일은 있다. 우리가 직접 아이의 철학적 롤 모델이 되어 아이의 학습 환경을 지원하는 것이다. 철학적 롤 모델이라니, 왠지 뒷걸음질 치게 만드는 난해한 표현이지만 3가지 키워드만 기억하면 어렵지 않다. 탐구와 비판 그리고 입증이다.

아이의 철학적 롤 모델이 되기 위한 첫걸음은 무언가를 알고 배우려는 탐구의 자세를 갖는 데에 있다. 궁금한 점이 생기는 즉시 조사하고 생각하는 습관을 만들자. '그게 뭐였더라?'

'이건 어떤 거지?' '그게 무슨 뜻일까?' 이렇게 불현듯 떠오르는 질문들을 미루지 말고 파고드는 것이다. 물론 매번 정확한 답을 얻기는 힘들지도 모른다. 그래도 인터넷이나 사전, 책에서 어느 정도의 정보를 얻어 아이와 이야기를 나누다 보면, 아이는 어른의 그런 행동을 보고 배우며 탐구하는 습관을 들일 수 있다.

철학적 롤 모델의 두 번째 조건은 배운 것을 비판적으로 생각하는 자세이다. 비판적 사고의 핵심은 사물이나 사안을 무조건 부정하는 것이 아니다. 특정 생각이나 주장이 어떤 전제 위에 세워졌는지, 반대 입장으로는 무엇이 있는지, 나는 어느 쪽 입장을 왜 따르고 싶은지 등을 짚으며 생각의 지도를 그려나가는 과정이다. 이렇듯 비판 어린 시선으로 생각하는 습관은 철학적 사고의 기초가 된다.

예를 들어, '정부 예산에서 과학기술 지원금을 삭감해야 한다'라는 주장에 대해 생각해보자.

우선, 이 주장을 뒷받침하는 근거들은 무엇일까? 정부의 재정난이 심각하며, 실리로 이어지지 않는 기초연구가 많다는 식으로 다양한 논거를 제시할 수 있다. 전제와 근거를 목록으로 정리한 다음에는 논의를 검증해간다. '정부의 재정 상태가 어렵다고 당장 연구용 예산을 삭감해도 되는가?', '다른 대안은 없는가?', '기초연구가 실리로 이어지게 하려면 어떻게 해야 하는가?'처럼 말이다.

또는 과학기술 지원금을 삭감해야 한다는 주장에 반대 의견을 제시해볼 수 있다. '과학기술자들이 직업을 잃으면 양적으로나 질적으로 연구가 줄어들어 국력의 쇠퇴로 이어질 것이다'라는 반론은 어떨까? 예산 삭감을 주장하는 사람은 이 반론에 어떻게 반응할까? 이렇듯 반대 의견을 세우는 습관은 비판적 사고에 깊이를 더한다.

철학적 롤 모델의 세 번째 조건은 주장과 생각을 입증하는 자세다. 생각을 근거도 없이 단순히 늘어놓기만 하면 타인과의 소통이나 문제 해결의 기회를 놓쳐버리기 쉽다. 어떤 믿음을 맹목적으로 따른 나머지 오해나 불합리한 상황을 야기할지도 모른다. 주장과 생각의 근거는 무엇인지, 반대 의견에 어떻게 대응할 것인지를 한 발 앞서 생각해보라. 비판적 사고는 자신의 입장과 주장을 세우고 그것을 입증하기 위해 필수적인 생각의 과정이다.

지금까지 소개한 탐구, 비판, 입증의 자세를 의식하면서 일상의 철학을 실현해보자. 철학적 롤 모델로서 아이와 함께 생각하는 시간을 보내며 아이에게 최고의 학습 환경을 마련해주는 것이다.

전략 8. 심리적 안전지대를 넓혀라 : 학습 환경의 다양성

아이의 재능을 폭발시키는 환경을 조성하기 위한 마지막 단서는, 아이가 혼자 성장하지 않는다는 사실을 깨닫는 것이다.

아이는 누구 혼자 키워야 하는 것도, 그렇게 자라나는 것도 아니다. 아이를 둘러싼 한 사람, 한 사람을 비롯해 가족과 학교는 물론 다양한 지역 공동체에 이르기까지, 아이는 사회 안에서 여러 사람들과 어울리며 배우고 성장해나간다.

아이가 배우고 자라는 모습을 지켜보는 것은 특정인에게 맡겨진 일도, 독점될 일도 아니다. 부모로서, 교사로서 아이에게 직접적인 지원을 건네는 것도 중요하지만, 아이가 다른 사람들에게도 도움을 받을 수 있도록 많은 사람으로 둘러싸인 환경을 만들어야 한다.

인맥을 활용해 지인의 서클이나 지역 활동 등 폭넓은 연령대의 사람들과 접할 기회를 아이에게 제공하자. 다양한 직업과 가치관을 가진 사람들과 교류하며 아이는 자극도 받고 세상을 새로운 관점으로 바라보게 될 것이다. 운동이나 취미 생활, 학원도 아이의 학습 환경을 풍부하게 만들어준다. 다른 학급, 다른 학교, 다른 학군에 있는 또래와 어울리며 다양한 생각을 접하고 함께 배워가는 것은 아이에게 귀한 자산이 된다. 특히 국적, 인종, 문화가 다른 사람들과 접촉할 기회가 있다면 적극적으로 참여시켜보자.

더불어, 어떤 형태로든 아이가 안정감을 느낄 만한 안식처가 필요하다. 아이가 마음 둘 곳이 많을수록 아이가 교류하는 사람들을 활용해 다양한 학습 환경을 만들기 쉽다.

아이가 이미 마음을 연 친구가 있고 특정 모임에 강한 소속감을 품고 있어도, 새로운 공동체에 참여해 색다른 경험을 할 수 있도록 돕자. 반대로, 아이가 애착을 가진 무리가 없거나 몇몇의 모임을 오간다고 해서 아이를 다그칠 필요는 없다. 누구나 다양한 얼굴을 가지고 있고, 교류하는 사람에 따라 다른 모습을 드러내는 것은 아주 건전한 현상이다.

복수의 공동체에 소속되는 것은 아이에게 심리적 안전지대를 제공하기도 한다. 어떤 모임에 적응하지 못해도, 조언을 얻거나 마음을 의지할 다른 모임의 친구가 있기 때문이다.

아이가 보다 많은 공동체를 접할 수 있도록 적극적으로 지원하자. 아이가 운동 동호회에 가입하고 싶다고 하면 아이의 학습 환경을 다양하게 만들 절호의 기회로 받아들이는 것이다. 공부에 집중하라고 쏘아붙이거나 불필요한 시간 낭비라며 매도하는 일은 없어야 한다. 어떤 판단을 내리든 간에 학습 환경의 다양성을 중심에 두고 아이의 요구를 대하는 마음가짐이 필요하다.

아이의 학습 진도나 지적 욕구에 알맞은 또래 친구가 있는지도 확인해보자. 배움의 단계가 어느 정도인가에 따라 아이들은 저마다 다른 꿈을 꾸고 다른 고민을 한다. 물론 부모나 교사의 도움도 유익하지만, 아이에게는 같은 시선에서 서로 이해할 수 있는 또래의 존재가 큰 힘이 된다. 만일 학교에서 유의미한 도움을 받지 못한다면 적절한 수준의 학원이나 대안 교육기관을 찾아보는 것도 하나의 방법이다. 아이의 학습 진도가 또래보다 극단적으로 앞서는 경우에는 학령이 높은 그룹에서 친구를 찾을 수도 있다.

지금까지 학육의 관점에서 아이의 재능을 폭발시키는 8가지 요령을 전부 소개했다. 각각의 요령들은 교육학과 과학 분야의 최신 연구 성과에 기반을 두고 있다. 무엇보다 새로운 교육 트렌드의 뼈대를 이루는 내용들이라 더욱 의미가 깊다.

다음 장에서는 현재 세계 교육의 커다란 물결 속에서 어떤 일들이 일어나고 있는지를 살펴볼 것이다. 나아가 앞으로 점차 확대될 트렌드는 무엇이며, 그 안에 이 8가지 요령이 어떤 형태로 자리 잡고 있는지도 철저하게 해부해보겠다.

5장

디지털 시대의
공부를 말하다

지금 당장 알아야 할 세계의 학습 트렌드

어디에선가 호각 부는 소리가 들린다. 체육대회를 위한 단체 체조 연습이다. 무섭기로 소문난 이토 선생님의 수업이라, 장난만 치던 학생들도 열을 맞추어 곧잘 따라 한다.

역사는 싫어하지만 노나카 선생님의 수업은 좋아한다. 누구나 알기 쉬운 설명과 가끔씩 곁들이는 잡담이 재미있어 수업시간이 길어도 지겹지 않다. 오늘은 메이지유신을 이어서 배웠다. 옆 책상의 가와카미는 노나카 선생님의 수업이 시작되고 딱 20분 만에 졸기 시작한다. 시계를 노려보며 측정해보니 놀랄 만큼 정확하다.

교양이 중요하다는 것쯤은 알고 있지만, 이렇게 100년도 훨씬 지난 사건을 공부할 필요까지 있을까? 연호 같은 걸 왜 외워야 하지? 이과생으로서 주입식 교육을 혁파해야 한다는 교육의 흐름에 쌍수를 들어 환영하고 싶다.

정말이지 가와카미는 잘도 잔다. 확실히 학교 수업은 너무 일찍부터 시작된다. 하지만 수업 중에 저렇게 속 편하게 잘 수 있을 만큼 나는 간이 크지 않다. 아마 가와카미는 나중에 큰 인물이 될 거다.

그러고 보니 지난주에는 신기한 일이 있었다. 노나카 선생님이 휴가를 내서서 수업 대신에 NHK에서 만든 메이지유신에 관한 다큐멘터리를 봤다. 대놓고 잠만 자던 가와카미가 20분이 지났는데도 번뜩이는 눈으로 텔레비전 화면을 잡아먹을 듯 노려보더니 끝날 때까지 한 번도 졸지 않았다. 텔레비전의 위대함이란!

아싸, 이번 수업만 끝나면 동아리 활동이다. 동아리실에 가기전에 학생회실에 들러 체육대회 포스터를 받아와야겠다. 흠, 학교 부회장은 정말 할 일이 많네!

학창 시절의 수업 시간을 떠올리면 이런 풍경들이 그려진다. 일본 가와사키 시에서 작은 공립 중학교에 다니던 때였다. 회상 장면 속 수업과 학교의 모습은 별스러운 구석이 하나도 없다. 아주 흔하디흔한 광경을 나의 시선으로 바라봤을 뿐이다. 그 시절 학교를 다녔다면 누구나 공감할 만한 일화이지 않은가?

이토록 지극히 평범했던 학교 풍경도 이제는 급속도로 사라지고 있다. 단순히 코로나19가 불러온 변화만은 아니다. 근대 산업사회에서 정보화, 세계화를 거쳐 현대에 이르기까지, 사회를 지탱해온 공교육이 혁신을 꾀하지 않으면 도태될 위기에 처한 것이다.

교육의 미래는 어디로 향하고 있는가? 다가올 미래를 직시하기 위해 세계의 교육이 어떻게 바뀌고 있는지 그 방향성을 모색하려 한다. 21세기에 들어선 뒤부터 지금까지 교육계의 트렌드와 주요 현상을 엄선해 소개한다.

개인 맞춤형 학습 : 한 명 한 명에게 최적화된 교실

"손님 한 분, 한 분의 요구에 맞춘 세심한 마감. 몸에도 생활에도 꼭 맞는 착용감을 실현합니다."

어느 맞춤 양복점의 광고 문구이다. 이곳을 찾는 손님은 주로 사업가나 영업·사무직 종사자이다. 양복점 직원들은 세심하게 치수를 재고 몸의 움직임을 본다. 양복의 패턴이나 재질을 정할 때에도 손님의 생활 패턴이나 직업적 특성을 고려한다. 이를 바탕으로 장인이 정성스레 옷을 완성하면 주문자에게 딱 들어맞는 정장이 탄생한다.

자, 앞에서 묘사한 수업 풍경을 한번 떠올려보자. 교실에 수십 명의 학생들이 앉아 있고 교사가 교탁에 서서 수업을 진행한다. 학생들은 똑같은 교과서를 보고 똑같은 문제를 푼다.

이러한 교실 풍경은 '교육의 균등한 기회'라는 발상에 근거해 설계되었다. 교육이나 학습은 인간과 사회의 초석이 되기 때문에 모든 사람에게 평등해야 한다. 가능한 한 모든 학생이 같은 출발선에 서도록 교육 시스템을 구성한 것이다.

그러나 이제 우리는 알고 있다. 학생마다 환경도 다르고 능력이나 동기도 다르다. 한 학생에게는 효과적인 학습 환경일지 몰라도, 다른 학생에게는 진도가 너무 빨라서 제대로 배우지 못하는 상황이 발생한다. 결국, 학습 니즈가 제각각인 학생들에게 똑같은 교육을 적용하려던 것이 오히려 불공평한 학습 환경을 낳고 말았다. 맞춤 정장의 예에 비유하자면, 손님의 체형과 취향, 활동성이 가지각색인데 이들 모두에게 동일한 기성복을 입히는 것이나 다름없다.

개인 맞춤형 학습personalized learning은 획일적인 교육의 문제에 정면으로 도전하며 등장했다. 말 그대로, 학습자 한 명 한 명의 능력과 진도에 따라 맞춤형 학습 환경을 제공하는 데에 초점을 둔 방식이다.

사실, 개인 맞춤형 학습이 완전히 새로운 개념은 아니다. 형평성을 표방했던 기존의 교실 환경에서도 학생의 니즈를 충족시키고 개인 맞춤형 학습을 실현할 수 있는지가 학교와 교사의 실력을 검증하는 기준이기도 했다. 공교육 현장을 벗어나도, 과외 강사나 개인 공부방이 일대일 또는 소규모 수업으로 아이들의 학습 진도를 조정하는 것은 익숙한 풍경이다.

그러나 이런 방식은 여러 면에서 한계를 드러낼 수밖에 없다. 예컨대, 대규모 강의도 척척 해내는 유능한 교사를 초빙하거나 학생 한 명에게 투입하는 시간을 늘리려면 적당한 예산이 필요한데, 한정된 공교육 자원으로 이 모든 것을 실현하기가 어렵다. 인간의 능력적 한계도 간과할 수 없다. 우선, 교사 한 사람이 관심을 쏟을 수 있는 학생 수는 어느 정도 정해져 있다. 또한 교사들마다 잘하고 못하는 분야가 있기 때문에 모든 학생들의 니즈를 완벽하게 충족시키지 못한다.

그럼에도 불구하고, 개인 맞춤형 학습은 오늘날 세계적인 트렌드로 자리 잡고 있다. 물론 기존의 방식과는 차이가 있다. 과학기술을 활용해 공교육의 가용 자원 내에서 맞춤형 학습을 추진한 것이다. 이를테면, 모든 학습 내용을 데이터베이스로 저장하고, 학생별로 특정 유형의 문제에 어떻게 답하는지를 컴퓨터로 분석해 개인에게 가장 최적화된 문제를 선정한다. 학습 과정에서 적재적소의 조언이나 단서를 건네는 인공지능 프로그램도 등장하기 시작했다. 이러한 개인 맞춤형 학습 도구를 통해 학생들은 자신에게 적합한 커리큘럼으로 학습을 이어나갈 수 있다.

물론 이 모든 것은 어디까지나 아이들의 개별 맞춤 학습을 돕는 보조 도구에 불과하다. 성격도 학습 환경도 제각각인 학생들의 질문에 답하고 모르는 부분을 가르치기에는 지금의 과학기술 수준이 인간의 능력에 미치지 못하기 때문이다. 인공지능이 적당한 난이도의 문제를 고르거나 약간의 조언은 건넬 수 있어도, 아직 아이들에게는 함께 호흡하는 진짜 교사의 지원이 필요하다.

만일 과학기술의 발달로 지금보다 훨씬 수준 높은 인공지능 로봇이 등장한다고 해도 능사는 아니다. 고도의 개인 맞춤형 학습 환경은 타인과의 연대로 얻을 수 있는 소통이나 협업 등의 학습 기회를 빼앗을 수 있다. 실제로 부모나 교사, 또래 친구들의 피드백은 학습에 매우 중요하다. 주위 사람들로부터 얻는 영감이 배움에 대한 동기를 지탱해주기 때문이다.

이렇듯 공교육에서 채택한 전통적인 그룹학습에도 분명히 이점은 있다. 개인 맞춤형 학습을 위한 새로운 도구를 기존 교육 방식의 이점과 적절하게 조합하는 것이 관건이다.

액티브 러닝 :
수업 중에 조는 아이들이 사라진다

서두에서 묘사한 수업 풍경을 다시 떠올려보자. 노나카 선생님은 잡담을 곁들이는 방식으로 수업의 재미를 돋우려 했지만 끝내 가와카미 같은 학생들의 졸음을 막지는 못했다. 지루한 데다 길기까지 한 강의식 수업은 애초에 무슨 목적으로 이뤄진 것일까?

가장 무난하고 모범적인 답은 '지식을 전달하기 위해'일 것이다.

노나카 선생님은 역사에 관한 지식을 가지고 있다. 선생님은 그 지식을 재미난 강의로 학생에게 전달하고 학생은 그것을 받아들인다. 이러한 강의식 수업은 가르치는 사람이 중심이 된 교육의 전형이다. 당연히 학생은 지식을 받아들이는 수동적 존재가 될 수밖에 없다.

이에 미국 진보주의 교육progressive education의 선구자이자 저명한 철학자인 존 듀이John Dewey는 배움을 능동적인 행위로 인식해야 한다고 주장하며 다음과 같은 말을 남겼다. "배움은 학습자가 성취하는 무언가이다. 그것은 능동적이고 학습자 스스로 수행하는 일이다."[48] 몬테소리 교육으로 유명한 마리아 몬테

소리Maria Montessori 또한 이렇게 말했다. "교육이란 학습하는 사람에 의해 자발적으로 성취되는 자연스러운 과정이다. 누군가의 이야기를 듣고 얻는 것이 아니라, 주변 세계를 직접 체험해야 얻을 수 있는 것이다."[49]

이와 같은 주장들은 구성주의 교육학의 기초가 되었다. 구성주의란 학습을 학습자가 자신의 경험과 이해도를 바탕으로 지식을 구성하는 능동적 행위로 보는 교육 이론이다.

단순히 수업 시간에 교사의 설명을 듣기만 해서는 진정한 배움이 생겨날 수 없다. 그보다는 학생이 자신의 경험과 배경지식에 근거하여 새롭게 얻은 정보를 이해하고, 기존에 알고 있던 지식과 기술을 업데이트하는 능동적인 과정이 필요하다. 내가 제안했던 학육 또한 이러한 교육 이론에 바탕을 두고 있다.

배움을 능동적인 행위로 바라봄으로써 아이들의 참여도를 높이고 자기 주도적 학습을 실현하려는 노력이 바로 액티브 러닝active learning이다. 액티브 러닝은 1990년대부터 주목을 끌기 시작해 현재 미국을 중심으로 세계적인 반향을 일으키고 있다.[50]

스탠퍼드온라인고등학교가 채택한 반전 수업도 액티브 러닝의 방법 중 하나이다. 교사의 강의는 학생들이 수업 전에 숙지해야 하는 예습의 일부이며, 본 수업은 그룹학습이나 토론을 중심으로 학생들이 이끌어간다.

액티브 러닝을 학습에 적용한 예는 여러 가지가 있다. 문제에 관한 자신의 생각을 먼저 정리하고 다른 학생과 짝을 이루어 생각을 공유하는 '생각하기·짝 짓기·공유하기Think-Pair-Share, TPS'는 가장 널리 알려진 액티브 러닝 방법이다. 그 밖에 '지그소 방법jigsaw method'이나 '돌아가면서 말하기turn and talk' 등도 여기에 해당한다.

학생의 참여를 유도하기 위해 강의식 수업에 액티브 러닝을 접목시킨 경우도 있다. 예컨대, 쪽지 시험이나 응용 문제 풀기는 배운 것을 실전에 바로 활용해 이해도를 높이는 효과적인 방법이다. 수업 도중에 학생이 생각할 시간을 주고 질문하게 하는 방법도 있다. 즉, 액티브 러닝의 본질은 완전히 새로운 방법을 도입하는 것이 아니라, 수업의 초점을 교사에서 학생으로 옮겨 학습 환경을 재정비하고 학생의 활발한 참여를 촉구하는 데에 있다.

액티브 러닝의 효과는 수많은 연구 결과로 증명되었다.[51] 한 연구에 따르면, 액티브 러닝을 활용한 수업은 전통적인 강의식 수업보다 학생들의 낙제율을 30% 이상 감소시켰으며, 표준 점수를 5점 이상 끌어올렸다.

전 세계를 통틀어 교육은 기존 방식의 장점은 유지하면서 근대형 강의식 수업에서 조금씩 탈피하고 있다. 그리고 미래형 교육으로 전환하는 과정에서 액티브 러닝이 중심을 차지할 것은 분명한 사실이다.

프로젝트 기반 학습 : 실전만큼 뛰어난 교과서는 없다

구성주의 교육과 액티브 러닝의 기조를 하나로 집약한 형태가 프로젝트 기반 학습project based learning, PBL이다. 말 그대로, 프로젝트를 중심으로 배우고 가르치는 방식이다.

프로젝트 기반 학습에서는 학생들이 일상생활이나 사회 현안과 관련된 구체적인 프로젝트를 수행하며 학습을 이어간다. 예컨대, 환경문제를 다룰 때에는 지속 가능한 식생활을 위한 친환경 메뉴를 고안하고, 사회문제를 다룰 때에는 다큐멘터리 영화를 제작하며 문제의 맥락을 폭넓게 이해하는 식이다. 프로젝트 기반 학습법 중에서도 이런 주제와 활동은 학생들에게 인기가 높다.

이처럼 학생들은 주어진 재료로 직접 프로젝트를 기획하고 수행하는 과정을 통해 필요한 지식이나 기술을 능동적으로 익히게 된다. 그야말로 구성주의 교육과 액티브 러닝의 지향점을 아우르는 학습 모델이라고 할 수 있다.

강의를 통해 지식과 기술을 접하고, 연습 문세나 과제를 풀면서 이를 습득한 뒤 실전에 응용하는 것. 이것이 전통적인 강의식 수업이 추구하는 배움의 순서라면, 프로젝트 기반 학습은 정반대의 수순을 따른다. 실전 문제에서 시작해 그것을 해결하는 데 필요한 지식이나 기술을 습득하는 것이다.

프로젝트 기반 학습에는 다양한 이점이 있다. 우선, 아이가 자신의 삶과 이 세계가 긴밀하게 연결되어 있음을 체감하게 해준다. 현실 사회의 문제를 다루는 프로젝트에 필요한 지식과 기술이라면 '왜 이것을 배워야 하는가?'라는 의문에서 벗어날 수 있다.

둘째, 문제를 여러 각도에서 바라보고 해결하는 능력을 길러준다. 예를 들어, 지속 가능한 식생활에 관한 프로젝트는 식자재를 얻을 수 있는 환경, 재료비, 조리법, 식문화 등을 아우르는 통합적인 접근이 뒷받침되어야 한다. 다큐멘터리 프로젝트 또한 마찬가지이다. 하나의 프레임으로 바라보는 것이 아니라, 국어나 수학, 과학, 사회 같은 과목의 지식을 총동원해 문제의 다양한 층위를 고찰할 수 있다.

셋째, 프로젝트를 수행하며 협상과 협력의 기술을 익힐 수 있다. 팀플레이를 통해 아이들은 자신의 강점을 살리고 약점은 서로 보완하면서 해결책을 발견하게 된다. 리더십이나 소통에 능숙해져 사회성이 높아지는 것은 물론, 기획력과 문제 해결 능력도 향상된다. 자료를 조사해 가설을 세우고 프로젝트를 만들어 수행하는 과정에서 아이들은 새로운 경험과 배움을 쌓고 해결 방법을 찾아낸다.

주어진 과제를 정확하게 해내기만 해도 인정받던 시대는 막을 내렸다. 주도적으로 배워나가면서 해결책을 찾는 힘이야말로 미래형 인재가 갖춰야 할 필수 역량이다. 그리고 이런 능력은 프로젝트 기반 학습을 통해 얼마든지 습득할 수 있다.

프로젝트 기반 학습이 전통적인 강의식 수업과 정반대의 모델을 추구하는 만큼, 이를 교육 현장에 적용할 때에는 대변혁을 각오해야 한다. 칠판 앞에 서서 설명만 늘어놓는 기존의 방식은 과감히 내려놓자. 그 대신에 학생들이 프로젝트를 수립하고 잘해낼 수 있도록 필요한 지식이나 기술을 소개하고 조언하는 것이다. 단, 프로젝트 기반 학습을 실현하려면 적잖은 시간과 비용이 들기 때문에, 이를 현행 커리큘럼과 어떤 식으로 접목시킬지 학교 차원에서 결단을 내려야 한다.

다행히도 교육 기술이 발전함에 따라 이러한 문제들을 해결할 인적 및 물적 자원이 전보다 늘어났고 프로젝트 기반 학습에 대한 지견도 많이 축적되었다. 이를 반증하듯, 전 세계 교육 현장에서도 효과적인 프로젝트 기반 학습 활용법이 끊임없이 모색되고 있다.

학습과학 :
뇌과학으로 밝힌 공부의 정석

나는 학육의 개념을 설명할 때 종종 의학에 비유한다. 아무리 뛰어난 수술과 약도 결국 인간의 자가 치유에 기대거나 면역을 증진시키는 역할에 그치기 마련이다. 이와 마찬가지로, 교육의 역할은 아이의 배움을 돕는 것을 넘어설 수 없다. 이제는 최선의 가르침이 아니라, 아이에게 잠재된 배움의 힘을 최선을 다해 이끌어내는 학육의 관점이 필요하다.

한편, 교육이 의학과 구분되는 큰 차이는 특효약이 없다는 것이다. 가장 친숙한 해열제만 해도 몇몇 예외를 제외하고는 대개 열을 내리는 효과가 있다. 의학의 역사를 돌아보면 그 밖에도 비슷한 사례가 무수히 많다. 반면에 교육에는 해열제 같은 확실한 특효약이 있다고 보기 어려운데, 학습법의 효과를 평가하기가 좀처럼 쉽지 않기 때문이다.

어떤 방법을 평가하려면 그 방법의 목적을 제대로 이해해야 한다. 학습도 별반 다르지 않다. 지망하는 대학교에 들어가기 위해 모의시험 점수 높이기, 사회에 나아가 업적을 쌓기 위해 기술을 습득하기, 평생학습이라는 기조 아래 지적으로 충만한 삶 보내기 등, 배움의 목적에도 여러 가지가 있다. 개중에는 서로 모순되는 부분도 있고, 평생학습처럼 목적이 추상적인 경우도 있어서 학습법을 평가하는 일은 여러모로 까다롭다. 더군다나 아이들마다 학습 진도, 의지, 목표 등이 상당히 복잡하고 시시각각으로 변한다. 예컨대, 어떤 학생이 모의고사 점수를 높이겠다는 목적을 세웠음에도 만족할 만한 점수를 얻지 못했다면 그 이유는 한두 개가 아닐 것이다.

물론 의학에서도 고열을 다룰 때에는 환자의 건강 상태를 비롯한 다양한 원인을 염두에 두지만, 열을 내릴 수 있는 인자가 어느 정도 정해져 있다. 물질과 세포 단위의 기초연구가 탄탄하게 뒷받침된 덕분이다. 반면에 교육학의 상황은 사뭇 달랐는데, 표본조사를 통해 특정 학습법의 평균 효과를 추정하는 수준에 불과했다. 설령 학습 효과가 확인된다 한들 정확히 어떤 메커니즘으로 나온 결과인지 과학적으로 해명하지 못했다.

그러나 학습과학의 부상으로 그 역사도 종지부를 찍게 됐다. 학습과학은 인지과학과 뇌과학을 통해 인간의 학습 과정과 패턴을 연구하는 분야이다.

'학습에는 뇌의 어떤 영역이 작용하는가?'

'어떤 요인이 배움에 영향을 미치는가?'

'최적의 학습법은 무엇인가?'

줄곧 베일에 싸여 있던 의문들이 일련의 연구를 통해 밝혀졌다. 그 결실은 교육학의 여러 분야에 활용되며 학습에 관한 기초연구 자료로 자리 잡고 있다.

가장 널리 알려진 학습과학의 성과로는 수업 시작 시간과 관련된 연구가 있다. 일반적인 학교에서는 이른 아침인 8~9시 즈음 수업이 시작되는데, 이 시간대에 학습 효율이 가장 높다는 사실이 연구를 통해 증명되었다.[52] 이 연구를 계기로 미국에서는 가장 효율적인 시간표에 관한 논의가 활발하게 진행되었다. 심지어 학교의 수업 시작 시간을 너무 이른 시간대로 잡지 않도록 법률을 도입한 주도 있었다.

학습과학 연구로 새롭게 드러난 사실은 무수히 많다. 이 책에서 소개한 내용과 연결 지어 정리하면 다음과 같다.

- **감정 상태와 학습의 상관관계.**
  정서적으로 안정될수록 공부 능률과 성적이 올라간다. 사회 정서 학습의 성과.

- 익숙한 공부법이 꼭 효과가 좋은 것은 아니다.

  시각자료가 있어야 이해가 잘된다거나 소리 내어 읽을 때 공부가 된다는 식의 믿음은 뇌과학적으로 근거가 없다.

- 다양한 방식으로 배우는 게 좋다.

  하나의 방식을 고수하기보다 여러 방식으로 학습에 임할 때, 뇌의 여러 영역이 활성화되어 학습 효과가 오른다.

- 기억 불러오기의 힘.

  배운 내용을 떠올리는 연습은 단순 복습이나 반복 읽기보다 훨씬 효과적이다. 시험은 배움의 수단으로 활용할 때 효과가 좋다.

- 실수의 중요성.

  문제를 틀렸을 때 뇌가 활성화된다. 실수를 두려워 말고 학습의 기회로 받아들이는 것이 중요하다.

- 사회적 뇌.

  타인과의 상호작용은 실행 기능을 관장하는 뇌 영역을 활성화한다. 여럿이 함께 협력하는 과정은 학습 효과를 높여준다.

학습과학의 연구 성과가 교육 현장에 바로 적용된 경우는 아직 많지는 않다. 과학 분야의 기초연구가 상용화 단계에 이르기까지 오랜 세월이 걸리는 것과 같은 이치이다. 최근에는 기초연구 성과를 보다 빠르게 상용화하기 위해 모델 변형의 필요성이 학습과학에서도 대두되고 있다. 학습과학이 발전해나가는 모습을 지켜보면서 신중하고도 적극적인 자세로 그 성과를 아이들의 학습에 적용해보길 바란다.

에듀테크 :
직감 대신 데이터로 학습을 설계한다

전례 없는 팬데믹 상황이 도래함에 따라 관심이 급격하게 높아진 교육 트렌드가 있다. 바로 에듀테크EduTech*로 불리는 교육기술과 온라인 수업이다.

2020년, 전 세계의 학교가 봉쇄되었고 16억 명에 달하는 교사와 학생들은 원격으로 수업을 진행할 수밖에 없었다.[53] 한때는 미국에서도 거의 모든 초중등학교가 온라인 수업으로 전환

• 교육education과 기술technology를 합성한 신조어.

했다. 2020년 후반부터 대면 수업을 재개하려는 시도가 이뤄지고 있으나 속도는 여전히 느리다.

이러한 흐름은 에듀테크의 폭발적인 수요로 이어졌지만, 엄밀하게 보면 에듀테크는 코로나 쇼크가 있기 전부터 교육 분야의 거스를 수 없는 대세로 부상하고 있었다. 굵직한 기업들이 앞다퉈 에듀테크 산업에 뛰어들었고 수많은 스타트업이 생겨났다. 2019년, 전 세계 에듀테크 시장 규모는 1600억 달러를 기록했다. 그 성장 속도는 무려 세계 GDP 성장률의 5배에 달했다. 2026년이 되면 시장 규모가 4400억 달러에 이를 것이라는 전망도 나왔다.[54] 미국, 중국, 인도, 유럽 국가들을 중심으로 에듀테크 벤처기업에 대한 투자가 확대되고 있으며, 기업 가치가 10억 달러 이상인 유니콘 기업도 여럿 탄생했다.

교육 현장에서도 에듀테크의 인기는 뜨겁다. 미국 대학생 세 명 중 한 명은 온라인 수업을 듣고,[55] 초중등학교 교사의 50% 이상이 에듀테크를 활용한 플랫폼이나 서비스를 수업에서 상시 활용하고 있다는 보고도 있다.[56] 이러한 에듀테크 열풍에 코로나 쇼크가 기름을 부은 것이다.

내가 스탠퍼드온라인고등학교의 설립에 참여했던 시기는 온라인 교육이 미국을 중심으로 폭발적으로 확대되어 절정에 이르렀을 즈음이었다. 1990년대부터 피닉스대학교를 기점으로 다양한 온라인 캠퍼스가 설립되어 온라인으로 대학교 학위와 학점을 취득할 길이 열렸다. 2000년대에는 MOOC가 등장했고 하버드대학교, 매사추세츠공과대학교, 스탠퍼드대학교 등 유수의 대학교들이 그 대열에 합류하면서 엄청난 열풍을 불러일으켰다. 에덱스edX, 코세라Coursera 유다시티Udacity 등, 유명한 MOOC 플랫폼이 창설된 것도 이 시기였다. 실리콘밸리의 IT 기업들도 발 빠르게 움직였는데, 애플은 아이튠즈유iTunes U를 통해 주요 대학교 강의를 녹취한 음성이나 동영상을 무료로 제공하는 서비스를 시행하기도 했다.

에듀테크의 눈부신 번영은 전통적인 학교 풍경을 바꿔놓았다. 컴퓨터와 태블릿 단말기를 구비하는 것은 물론이고, 일찌감치 교실의 화이트보드나 모니터를 터치 패널로 대체한 학교가 많다. 교과서 중심의 수업에서 벗어나, 소프트웨어와 앱으로 다양한 디지털 콘텐츠를 접하며 공부하는 것도 눈여겨볼 만한 변화이다. 최근에는 인공지능이나 가상현실 같은 기술을 수업에 활용하는 학교들도 속속들이 생겨나고 있다.

또 다른 변화는 정보관리 시스템의 도입이다. 이로써 학생과 학부모의 개인정보, 성적, 그 밖에 학사 전반에 필요한 모든 데이터를 클라우드 서버를 통해 관리하기 시작했다. 특히 학습관리 시스템Learning Management System, LMS은 수업 진행과 학습 활동 전반의 효율을 크게 높였다. 학생들의 출결 관리를 비롯해 학습 콘텐츠의 개발 및 배포, 시험, 과제 제출 및 반환 등, 거의 모든 학습 과정이 온라인으로 가능해진 것이다.

커다란 교실에서 책상 위에 앉아 교탁에 선 선생님을 바라보며 수업을 듣는 게 당연했던 시대는 저물어가고 있다. 팬데믹이 장기화되면서 학교들은 교문을 여닫기를 거듭 중이다. 그리고 태어날 때부터 스마트폰을 만지작거린 지금의 아이들, 즉 디지털 네이티브들은 손바닥만 한 사이즈의 태블릿 단말기로 수업을 듣는 것에 익숙해지고 있다. 이제 교실의 변화는 거스를 수 없는 현실로 다가왔다. 에듀테크의 급격한 성장세는 그 변화의 흐름을 견인하는 핵심 동력이 될 것이다.

분산 학습 :
언제 어디에서든 접근 가능한 학교

에듀테크가 광범위하게 확산된 것은 단순히 태블릿 단말기의 도입이나 디지털 콘텐츠의 활용 때문만은 아니다. 인터넷 덕분에 교과서 없이도 수업이 진행되고 교사와 학생이 같은 공간에 동시에 있을 필요가 없어졌다. 이처럼 교사와 학생, 수업을 각

각 분산시키는 것이 가능해짐에 따라 시간과 장소에 관계없이 이뤄지는 학습 형태를 분산 학습distributed learning이라고 한다.

분산 학습의 이점은 분명하다. 업무가 끝난 뒤에 온라인 프로그램을 이수하여 경영학 석사MBA 학위를 취득하거나, 일본에 살면서 스탠퍼드대학교의 녹화 강의를 무료로 수강할 수 있다. 영어 회화나 프로그래밍 등 다양한 강좌를 시간에 구애받지 않고 들을 수도 있다.

분산 학습을 접할 기회가 점차 늘어나면서, 학교에 가야만 체계적이고 통합된 교육을 받을 수 있다는 믿음도 옛말이 되었다. 물론 기존에도 강습이나 학원, 동아리 활동 등의 과외활동을 통해 학생들의 학습 니즈를 충족시킬 기회가 있었지만, 어디까지나 학교교육을 보조하는 수준에 머물렀다. 그러나 분산 학습 모델에 따르면, 아이들이 정규 교육과정뿐 아니라 다양한 수업 중에서 자신의 환경이나 필요에 맞는 것들을 선별하고 조합해 학습 프로그램을 만들 수 있다.

앞에서도 언급했던 '당신의 배움을 디자인하라'는 강령에 충실한 형태의 학습이 비로소 실현되는 순간이다. A라는 노래를 좋아한다면 해당 음반을 사는 것이 아니라, A를 비롯해 그와 비슷한 분위기의 곡들까지 다운로드해서 자기만의 플레이리스트를 만드는 셈이다.

분산 학습이 트렌드로 자리 잡은 이유 또한 여기에 있다. 단순히 좋은 학교를 선택하는 것을 넘어서, 학생 스스로 자기에게 맞는 학습 기회를 골라 배움을 설계하는 시대가 도래한 것이다. 이러한 흐름은 급속한 사회 변화와 사람들의 다양해진 요구에 부응해 생겨난 필연적인 변화일 뿐, 결코 에듀테크의 발전으로 우연히 상승세를 탄 것은 아니다.

기술혁신과 세계화에 힘입어 세상이 급속하게 바뀌어나가는 가운데, 미래의 재목이 될 아이들에게 요구되는 능력과 기술은 나날이 현란해지고 있다. 오늘날 공교육이 안고 있는 커다란 숙제도 여기에 있다. '앞으로의 삶에 필요한 역량을 아이에게 어떻게 습득시킬 것인가?' 하는 문제이다. 사실, 공교육을 비롯한 전통적인 교육 구조로는 급격한 변화에 빠르게 대응하기 어렵다. 더불어 공교육이 사회 인프라의 일부라는 점을 감안하면, 그런 속도감을 기대하는 것이 오히려 무리한 요구일지도 모른다. 즉, 공교육이 위기라는 이유로 지금 당장 모든 것을 갈아엎는 일은 구조적으로 어려운 작업이다.

그런 공교육의 사정과는 대조적으로 에듀테크 산업이나 공교육 바깥의 교육 프로그램은 사회의 변화에 훨씬 유연하게 대처할 수 있다. 따라서 중심이 되는 공교육 시스템을 보완하는 형태로 분산 학습의 기회가 앞으로 더욱 늘어날 것이다.

STANFORD
ONLINE
HIGH SCHOOL

6장

기술은 교육을
어디까지
바꿀 것인가

교육의 미래 지도

2015년이었다. 조지아공과대학교의 교수 아쇼크 고엘Ashok Goel
이 인공지능을 다루는 수업에서 학생들에게 이렇게 말했다.

"오늘부터 새로운 조교가 강의를 도와줄 것입니다. 이름은
질 왓슨입니다."

그러나 정작 가장 중요한 사실은 알려주지 않았다. 질 왓슨,
그녀가 인공지능 봇bot이라는 점이다. 학기가 시작되고 한참이
지나서야 학생들은 지금까지 온라인으로 던진 질문에 답해준
조교가 밥 대신에 전기를 먹고 사는 인공지능이라는 걸 눈치챘
다. 다음은 에듀테크 산업의 최신 동향과 소식을 전하는 온라인
매체《에드테크EdTech》의 관련 기사를 일부 발췌한 내용이다.

이후 질 왓슨은 학부 및 대학원 수업, 온라인 및 대면 수업, 생
물·공학·컴퓨터과학 수업 등을 광범위하게 아우르며 총 17개

과정의 수업에서 인공지능 조교로 활동했다. 조지아공과대학교에서는 이를 바탕으로 고등교육에 인공지능을 도입할 가능성을 모색하고 있다.[57]

정말로 인공지능 봇을 활용한 수업은 머지않아 아이들에게 친숙한 일상으로 자리 잡을까? 아니면 단순히 최신 기술을 과대 포장한 것에 불과할까? 이번 장에서는 앞으로의 교육이 어떤 방향으로 나아갈지 전망하면서 교육의 미래 지도를 그려보려 한다.

팬데믹이 앞당긴
교육의 새로운 패러다임

지금까지 소개한 교육 트렌드는 세계적인 추세로, 앞으로 더욱 빠르게 교육 현장을 변화시킬 것이다. 획일화된 공교육을 재편하는 개인 맞춤형 학습, 적극적인 학생 참여로 학습 효과를 높이는 액티브 러닝, 과제의 수립·수행·해결 전 과정을 학생이 주도하면서 미래형 기술을 익히는 프로젝트 기반 학습에 이르기까지. 이러한 학습 모델은 전통적인 교육의 문제점들을 해결할 대안으로 부상하며 교육계에 새로운 바람을 일으키고 있다.

한편, 학습의 메커니즘과 학습법의 효과를 연구로 입증하는 학습과학, 첨단 과학기술을 교육에 적용한 에듀테크, 시간과 장소에 구애받지 않고 배울 수 있는 길을 열어준 분산 학습 등은 고도로 발전한 과학기술과 변화하는 사회적 요구를 연결 지어 교육이 나아갈 방향성을 제시했다.

이 모든 것은 결코 일시적인 현상이 아니다. 현대에서 미래로 향하기 위해 거쳐야 하는 필연적이고 장기적인 흐름이라고 할 수 있다. 그렇다면 각각의 트렌드는 교실의 풍경을 어떻게 바꿔나갈까? 간단히 정리해보면 다음과 같다.

• 개인 맞춤형 학습

학생들은 저마다 다른 교재를 쓰고, 자신에게 맞는 속도와 커리큘럼으로 공부한다. 학년이 같아도 배우는 내용이 완전히 다르다. 개별 학습과 협업 학습을 병행한다.

• 액티브 러닝

선생님이 강의하는 시간이 줄어들고 학급 활동이 활발하게 진행된다. 수업 중에 조는 학생을 거의 찾을 수 없고, 과제나 문제 풀이의 비중이 낮아진다. 학생이 예습을 할 수밖에 없는 구조이므로, 수업 전에 미리 교과서를 읽거나 동영상 강의를 보는 게 당연해진다(우리 학교의 반전 수업이 여기에 해당한다).

- 프로젝트 기반 학습

학생 스스로 자료를 조사하고 프로젝트를 수립하면서 현실 사회와 배움의 연관성을 쉽게 이해할 수 있다. 다른 학생과 협업할 기회가 늘어난다. 학생들은 자신의 관심사를 존중받으며, 자기 주도적 학습을 실현한다. 프로젝트를 통한 평가가 늘고 시험은 줄어든다.

- 학습과학

학습과학으로 검증된 내용을 바탕으로 수업이 재편된다. 1교시 수업이 지금보다 늦은 시간에 시작된다. 학생들은 하나의 사안도 다양한 관점으로 접근하며 배우게 되고, 사회 정서적 능력을 기를 기회가 늘어난다. 학습법을 전문적으로 연구하는 학과가 학교나 교육기관에 신설되고 관련 지식을 가르치는 연구원이 상주한다.

- 에듀테크

칠판은 스마트 보드로 교체된다. 학생의 책상에 태블릿 단말기나 컴퓨터가 놓이고, 종이로 된 교과서와 필기용 노트의 사용이 급격하게 줄어든다. 학생의 모든 학습 활동이 데이터로 세세하게 기록·저장되고 교사는 그것을 분석하여 피드백을 주거나 코칭을 진행한다. 행정을 담당하는 교직원의 수가 줄어든다.

- **분산 학습**

  학교 수업 시간이 짧아진다. 학생은 집에서 온라인으로 수업을 들을 수 있으며 등교일을 직접 정할 수 있다. 다른 학교 학생이나 교사와 온라인으로 접할 기회가 늘어난다. 학교에서 배우는 과목이 줄어들고 동아리나 커뮤니티 활동 시간이 늘어난다.

사라지는 학교, 살아남는 학교

이로써 학교들은 일련의 교육 트렌드가 불러올 변화에 적절하게 대응해야 하는 숙제를 안게 되었다. 변화의 수준이나 속도는 각각의 학교가 처한 상황에 따라 큰 차이를 보일 수 있다.

지역 또는 전국 단위로 엘리트를 육성해온 소수의 상위 학교는 별다른 변화를 꾀하지 않고도 살아남을 가능성이 높다. 이미 학생들에게 양질의 학습 기회를 제공하고 있기 때문에, 새로운 트렌드를 접목해도 개선할 점이 상대적으로 적다. 특수목적학교처럼 특정 분야의 전문교육을 위한 학교나 교육기관도 포괄적인 지원 체계나 교사의 역할을 크게 바꾸지 않고 존속할 것이다.

일부 학교를 제외한 대부분의 학교들은 거대한 변화와 필연적으로 마주하게 된다. 온라인 수업과 분산 학습의 도입은 학교의 다양화를 촉진할 것이다. '얼마나 다채롭고 학생의 필요에 최적화된 학습 기회를 제공하는가'에 따라 학교의 경쟁력이 좌우되기 때문이다. 학교마다 고유한 특성을 부각시킬 기회는 늘어나고, 특색 없는 학교는 도태될 수밖에 없다. 언제 어디에서든 온라인으로 수업을 들을 수 있는 상황에서 똑같은 것을 가르치는 학교가 굳이 여러 곳이나 있을 필요는 없으니 말이다. 그 일환으로 학교나 교육기관들은 여러 프로그램과 제휴하며 분산 학습의 이점을 살려갈 것이다.

한 학교에서 다른 지역이나 국가에 다수의 캠퍼스를 두는 경우도 늘어날 것이다. 캠퍼스 간 물리적 거리가 멀어도 온라인으로 연결되어 있어 얼마든지 학생들은 같은 학교 공동체로 활동할 수 있다. 학교에 가지 않아도 온라인으로 수업에 참여할 수 있기 때문에 등하교 시간의 개념도 흐릿해질 여지가 많다.

온라인 수업과 대면 수업을 어떻게 조합하는가에 따라 다양한 형태의 학교들이 등장할 것으로 기대된다. 즉, 100% 온라인 학교와 100% 오프라인 학교의 양자 대결이 아니라, 학교마다 온라인 수업과 대면 수업을 3:7, 5:5, 8:2 등의 비율로 병행하며 차별화를 꾀하는 방향으로 선의의 경쟁을 이어나가게 된다.

기존에는 학교에서 학생들의 포괄적인 육성을 전담해왔다. 그러나 학습의 분산화는 외부 교육 프로그램이나 교육기관에 그 역할을 분담시킬 것이다. 지금처럼 '학교는 학교', '학원은 학원' 이렇게 구분 지을 필요가 없어진다. 한 분야에 특화된 프로그램 및 교육기관과 학교 사이에 긴밀한 네트워크가 구축된다면, 학생의 통합적인 학습 계획을 훨씬 효과적으로 지원할 수 있다.

한편, 학습의 분산화를 향한 우려의 시선도 있다. 각국에서 지역 공동체의 고유한 기능이 사라져가는 와중에, 학습의 분산화로 아이들이 학교에 의지할 필요성을 느끼지 못해 학교의 기능이 약화되지 않을까? 그로 인해 지역 공동체의 붕괴가 가속화하는 것은 아닐까?

결론부터 말하면, 우려와는 반대로 "그렇지 않다." 확실히 학교에서 '공부할' 필요성은 줄어들지도 모른다. 학습의 분산화로 학생들은 다수의 학교 또는 온라인 수업을 통해 자신에게 최적화된 학습 기회를 고를 수 있기 때문이다. 다만 온라인 수업만으로는 사회성이나 공감 능력을 기를 기회가 적은데, 이를 보완하기 위해 여럿이 어울리는 경험이 뒷받침되어야 한다.

나는 학교의 진정한 필요성이 여기에 있다고 생각한다. 바로, 학생 사이의 소통과 협업, 과외활동 등을 지원하는 일이다. 학교는 교육기관인 동시에 지역 공동체를 연결하고 하나로 모으는 다리 역할도 한다. 학교를 통해 만난 학생들이 함께 어울리고 소통하는 과정은 자연스럽게 지역 공동체에서의 사회 체험으로 이어지게 마련이다. 학습 분산화가 결과적으로 학교의 기능을 재고시키고 침체된 지역 공동체에 활기를 불어넣을 거라는 역설은 분명 눈여겨볼 만한 지점이다.

티칭을 넘어 코칭으로

학교의 역할이 바뀌면 교사의 역할에도 변화가 생길 수밖에 없다.

우선, '가르치는 선생님'에서 '조언하는 선생님'이 되어야 한다. 특정 과목의 지식을 전달하는 데 치중하는 기존의 방식은 더 이상 통하지 않는다. 그 대신에 학생들이 개별 학습을 이어가는 과정에서 던진 질문에 답하거나 공부 방식을 조언하고 학습 목표 및 계획을 지도하는 식으로 역할의 전환이 이뤄져야 한다.

이에 따라 교사의 자질이나 능력을 평가하는 기준도 달라진다 교과 과목을 얼마나 잘 가르치는가보다 멘토나 상담사로서의 면모, 즉 학습 목표나 진로에 관해 아이에게 적재적소의 도움을 줄 수 있는가에 초점이 맞춰질 것이다. 말하자면, 지식이나 기술을 전수하는 가르침의 역할에서, 학습 과정과 진로 전반을 조언하는 코칭의 역할이 크게 부각될 가능성이 높다.

한편, 학습의 분산화는 교사의 일할 기회를 늘려준다. 학교에서뿐 아니라 온라인으로도 가르치는 게 가능해지면서 교사들은 다양한 경험을 쌓으며 보다 적극적으로 경력을 관리할 수 있다. 이러한 긱 워크Gig work가 사회 전반의 흐름이라는 점을 감안할 때, 교사의 겸직을 허용하지 않는 학교는 도태될 수밖에 없다. 가르칠 기회는 점점 늘어나는데 학교에서 교사의 발목을 묶어둔다면, 교육 시장에서는 유능한 교사를 고용하기 위해 더 좋은 조건을 제시할 게 당연하다. 교사들이 학교 안에 머물 이유가 없어지는 셈이다. 결국 학교에서도 긱 워크를 계속 외면하지는 못할 것이다.

긱 워크가 교사들에게 적용되면 정규직이 아니어도 학교에서 가르칠 길이 열린다. 평소에는 본업에 충실하다가 쉬는 날에는 고등학생에게 온라인으로 코칭하는 광경이 낯설지 않을지도 모른다.

자기 주도적 학습은
선택이 아닌 필수

개인 맞춤형 학습과 분산 학습이 본격적으로 도입되면, 학생은 배움의 주체로서 보다 적극적으로 학습을 설계해야 한다.

'목표는 무엇인가?'

'학습 계획은 어떻게 짜야 하는가?'

'활용할 만한 프로그램으로는 어떤 것이 있으며 접근 가능한가?'

'나에게 맞는 학습법은 무엇인가?'

이렇게 자신의 배움을 설계하는 일은 희망 사항을 넘어 필수 사항이 될 것이다. 학생 개개인의 선택지가 늘어나 자율성을 보장받는 만큼, 스스로를 파악하고 주도적으로 학습 계획과 목표를 세우는 자세가 필요해지는 것은 당연한 수순이다.

과거에는 학교에 입학만 하면 일정한 경로를 따라 달리기만 하면 그만이었다. 도중에 노선을 갈아타거나 갈림길 앞에서 선택을 내려야 할 때도 있지만, 정해진 길을 달린다는 사실에는 변함이 없다. 그렇게 도착 지점에 이르는 것만으로 박수 받던 시절이 있었다. 물론 지금은 아득한 옛날 일이 되어버렸지만.

앞으로는 지금보다도 훨씬 배움에 능동적인 자세가 필요하다. 마음 깊은 곳에서 끓어오르는 의지와 호기심, 에너지가 중요한 경쟁력으로 자리매김하는 시대로 우리는 향하고 있다.

물론 자기 주도적 학습이 말처럼 쉽지만은 않다. 학습이 인간의 본성이라 해도, 아이가 배움의 주체로서 생각하고 행동하는 자세를 하루아침에 익힐 수는 없기 때문이다. 그런 점에서 부모와 교사는 아이를 가르치고 기르는 교육이 아니라, 아이가 스스로 배우고 성장하도록 돕는 학육에 주목해야 한다. 배움이라는 무대 위에서 주연은 아이의 몫으로 주고 부모와 교사는 그 곁을 든든하게 지키는 조연이 되는 것이다.

인공지능은 과연 교사를 대체할까

이번에는 과학기술과 교육이 어떤 식으로 융합될 것인지를 살펴보겠다.

장 도입부에서 소개한 일화를 기억하는가? 질 왓슨이라는 인공지능 봇이 조교를 대신해 대학생과 대학원생의 학습을 도운 것 말이다. 미래에는 이와 같은 인공지능의 활용이 지금보다 확대되어, 교사나 보조 교사가 수행하던 역할 중 일부를 인공지능이 대신할 것이다. 더불어 개인 맞춤형 학습을 실현할 가능성이 더욱 커진다. 학생 개개인에게 맞춘 교재나 커리큘럼을 보다 효율적으로 선택할 수도 있다.

그러나 인공지능이 교사나 보조 교사의 역할을 완전히 대체하는 일은 없을 것이다. 인간적인 교류를 통해 학생의 니즈를 세심하게 살피고, 학생들의 활발한 그룹 활동을 이끌어내는 능력은 여전히 인간이 컴퓨터를 앞서는 부분이다. 무엇보다 지금의 인공지능은 그 수준에 미치지 못했으며, 고도의 인공지능이 등장한다 해도 교사가 인공지능에게 밀려나는 상황은 까마득히 먼 미래의 일일 것이다. 나는 인공지능이 완전히 인간을 대체하기 전에는 그런 일은 일어나지 않으리라 믿는다.

오히려 인공지능의 도입으로 급속한 변화가 일어날 곳은 교실 바깥이 될 가능성이 높다. 특히 학교의 행정 및 사무 업무는 인공지능이 지금이라도 당장 전담할 수 있는 영역이다. 단적으로, 행정실과 교무실 한구석에 육중하게 자리했던 서류 보관용 캐비닛이 흔적도 없이 사라질 것이다. 입시나 성적 관리 같은 학사 업무도 마찬가지이다. 모든 기록은 데이터로 저장되고, 인공지능의 데이터 분석 결과를 바탕으로 중요한 의사 결정이 이뤄질 것이다.

학생들의 생활지도나 학부모와의 소통도 인공지능을 통해 이뤄질지 모른다. 사실 미국의 주요 대학교들은 이미 챗봇을 이용해 학생, 학부모와 소통하고 있다. 예컨대, "오늘 기분은 어때?" "이 서류 제출했어?" 같은 질문을 챗봇이 전송하면, 학생이 "스트레스가 좀 쌓였어" "아니, 그거 제출하는 서였어? 어디에서 볼 수 있어?" 등의 대답을 입력하는 식이다. 챗봇은 학생의 응답 내용을 확인한 뒤 스트레스 관리 프로그램이나 서류 제출에 관한 링크를 보내준다.

한편, 확장 현실extended reality, XR이라는 개념으로 총칭하는 가상 현실virtual reality, VR이나 증강 현실augmented reality, AR 같은 기술의 활용도 눈여겨볼 만하다. 미국의 교육 현장에서는 비교적 저렴한 가상 현실이나 증강 현실 단말기를 도입해 다양한 시도를 이어가고 있다. 확장 현실 기술을 사회 정서 학습에 적용한 연구도 활발하게 진행 중인데, 단말기를 통해 타인의 시선을 체험하며 상대의 기분을 이해해보는 식이다.[58] 그 밖에도, 쉽게 갈 수 없는 장소를 여행하거나 지나간 과거의 세계를 들여다보고 미세한 세계를 탐험하는 등, 실현하기 어려운 상황들을 간접 체험할 기회를 제공해 학습 효과를 높이려는 시도도 있다. 물론 가상 현실 영상을 제작하는 비용이 상당하기 때문에 아직 양질의 콘텐츠를 풍부하게 확보하기는 어렵지만, 앞으로 기술이 발전하면 그런 문제는 자연스럽게 해결될 것이다.

이 모든 것이 정말 현실적으로 가능한지 의심스러운 눈초리를 보내는 사람들도 있다. 현재 확장 현실 기술의 상용화 수준을 감안하면, 머지않아 아이들이 가상 현실이나 증강 현실 기기를 자유자재로 다루며 학습할 것이라는 전망은 결코 지나친 낙관이 아니다.

"하버드와 할리우드가 만나다"

가상 현실은 우리에게도 낯설지 않다. 초기의 가상 현실 기술은 주로 엔터테인먼트 분야에 응용되어 게임이나 영화의 형태로 우리의 일상에 깊숙이 침투해왔다. 그렇게 오락의 세계에서 거침없이 성장해온 가상 현실 기술이 제2의 전성기를 맞이할 분야는 교육이 될 가능성이 매우 높다.

유네스코UNESCO의 보고에 따르면, 현재 전 세계에서 대학교에 재적한 학생은 2억 명에 달하며 2030년에는 그 수가 4억 명을 넘을 것으로 전망된다. 유네스코는 학생들 대부분이 온라인으로 수업을 들을 것이라는 예측도 내놓았다.[59]

온라인 수업을 수강하는 학생 수가 급증하면 대학교 간 경쟁은 심화되기 마련이다. 그 과정에서 주목받는 것이 '교육의 할리우드화' 현상이다. 학교들은 경쟁에서 우위를 차지하기 위해 수업뿐 아니라 수업 외적인 부분에서도 차별성을 두는 데 초점을 맞출 수밖에 없다. 예컨대, 온라인 강의나 영상 강연도 지금까지는 비교적 단순한 설비로 이뤄졌다면, 앞으로는 CG 기술로 현란한 효과를 주거나 유명인을 섭외하는 등 부가가치를 높이는 방향으로 나아갈 것이다. 그 흐름을 반증하듯 "하버드와 할리우드가 만나다Hollywood Meets Harvard"같은 슬로건이 등장하기도 했다.[60]

이렇듯 교육이 할리우드처럼 변모하는 상황에서, 원하는 장소에서 원하는 수업을 들을 수 있는 학습 분산화까지 더해지면 '교육의 넷플릭스화'도 얼마든지 가능하다. 넷플릭스에서 원하는 시간에 원하는 영화를 찾아서 감상하듯이, 수업이나 학습 콘텐츠도 원하는 것을 골라 언제 어디에서든 수강하게 되는 것이다. 참고로, 과거의 수강 이력을 분석해 다음에 들을 강의를 추천 및 선택해주는 '강의 큐레이션'은 지금의 과학기술로도 이미 실현 가능하다.

게임과 교실의 융합도 새롭게 떠오르는 현상 중 하나이다.

아이, 어른 할 것 없이 전 연령층의 인기를 얻고 있는 비디오게임을 예로 들어보자. 비디오게임에 관한 다양한 조사 결과가 있지만, 거의 공통된 사실은 하루에 몇 시간이나 게임하는 아이들이 많다는 점이다. 아이들은 연간 1000시간, 초등학생~

고등학생 시기를 통틀어 1만 시간 이상을 게임에 쏟고 있다. 이는 아이들이 고등학교를 졸업할 때까지 학교에서 지내는 시간의 총합과 맞먹는다. 이 이야기를 들은 부모들은 하나같이 경악하며 탄식을 뱉는다. "그 시간의 일부라도 공부하는 데에 쓰면 얼마나 좋을까!" 그런 절실한 고민이 가닿은 것인지, 게임이 지닌 이점, 즉 흥미와 몰입도, 동기부여를 교육에 적용하는 게이미피케이션Gamification 연구가 곳곳에서 활발히 진행되고 있다.

사실, 교육에 게임의 요소를 접목하려는 시도는 줄곧 있어 왔다. 날마다 이루어지는 학교 수업 중에도 학생들에게 배움의 재미를 주는 장치가 산재해 있다. 내가 초등학생 시절에는 한자를 열 줄 쓰면 쿠폰 하나를 줬는데, 급식을 더 먹고 싶거나 준비물을 깜박해 벌을 받아야 할 때 그 쿠폰을 쓸 수 있었다. 마치 게임을 하는 듯한 소소한 즐거움 덕분에 나의 한자 공책은 금방 검은 연필 자국으로 채워졌다.

최근 온라인 교육과 에듀테크 산업의 성장을 바탕으로 이러한 게임형 학습은 한 단계 더 업그레이드했다. 게임에 버금가는 스토리텔링이나 그래픽을 구현해 아이들이 미션을 수행하듯 학습 단계를 밟아나가도록 한 소프트웨어들이 여럿 개발되었다. 자녀를 둔 독자라면 태블릿이나 스마트폰에 학습용 앱을 깔아봤을 테니 낯설지 않은 이야기일 것이다. 교육과 게임을 조합하는 흐름은 더욱 진전되어 미래의 학교와 교육 전반에 선명하게 투영될 것이다.

공부가 일상이 되는 순간

지금까지 아이와 학교에 초점을 맞췄다면, 이번에는 더욱 넓은 관점에서 교육의 미래를 조망해보려 한다.

인간은 끝없이 배움을 이어가는 생물이며, 학습은 인간의 본성 중 하나이다. 평생학습이 중요한 사회적 화두로 자리 잡은 이유도 여기에 있다. 특히 최근에는 평생학습의 목적이나 필요가 과거와는 조금 달라진 것을 알 수 있다.

기존에는 평생학습이라고 하면 이런 이미지가 떠올랐다. 일과 생계로 바쁜 와중에도 교양을 쌓으며 삶의 보람을 느끼는 사람들, 퇴직 이후에 늦깎이 대학생이 되거나 지역에 마련된 강좌를 듣는 중장년층……. 일본의 개정된 교육기본법 제3조에서는 평생학습의 목적을 다음과 같이 정의하고 있다.

국민 한 사람, 한 사람이 스스로의 인격을 연마하고 풍요로운 삶을 영위할 수 있도록, 평생에 걸쳐 기회가 주어질 때마다 모든 장소에서 학습할 수 있고 그 배움의 성과를 적절하게 살릴 수 있는 세상을 만들기 위해 노력해야 한다.

그 취지와 당위성에는 찬성하지만, 한편으로는 지나치게 이념에 치우친 것처럼 들리기도 한다. 최근에는 평생학습이 이러한 이념적 목적을 넘어서 현대사회를 살아남기 위해 필수적으로 밟아야 하는 단계로 재해석되고 있다.

현대사회를 살아가는 우리는 늘 새로운 기술을 익히고 새로운 가치관에 순응하기를 요구받는다. 대학교를 졸업하고 번듯한 회사에 취직하기만 하면 퇴직할 때까지 여유로운 생활을 보장받을 거라는 믿음은 이제 낡은 신화로 전락했다. 청년들은 언제 어떤 직업을 갖게 될지 모른 채 스스로를 단련한다. 그런가 하면 직장인들은 당장 내일부터 이제껏 해온 것과는 완전히 다른 일에 뛰어들어야 할지도 모른다는 불안감에 시달린다. 이들 모두 눈앞의 변화무쌍한 상황에 맞춰 매 순간 지식과 기술을 업데이트하도록 요구받는다. 한마디로, 살아남기 위해 죽을 때까지 배움을 이어가야 하는 시대가 됐다.

이러한 흐름에 따라 기업들도 변화하고 있다. 예기치 못한 변화에 대응하는 유연함과 전투태세를 갖춘 인재를 찾는 것은 물론이다. 더불어, 직원들이 입사한 뒤에도 역량을 강화해나가도록, 자기계발 프로그램을 자체적으로 마련하거나 일하면서 학위를 취득할 수 있는 기회를 제공하기도 한다.

대표적인 사례로는 스타벅스와 애리조나주립대학교의 협업을 들 수 있다. 애리조나주립대학교는 2016년부터 2020년까지 5년 연속 '미국에서 가장 혁신적인 대학교'에 오르며 상당히 높은 평가를 받고 있다.[61] 스타벅스의 직원들은 이 대학교에서 운영하는 온라인 수업을 들으면서 4년제 학사 학위를 취득할 수 있다. 기업 차원에서 직원의 역량 강화와 복지의 일환으로 시행하는 정책이므로 당연히 별도의 수업료는 들지 않는다.

앞으로는 이렇게 일하면서 학위를 따고 스스로를 계발하며 경력을 쌓는 것이 익숙한 풍경으로 자리 잡을 것이다. 나날이 경제활동인구는 줄어들고 생산성이 낮아지는 가운데, 유능한 인재를 뽑아 더 유능하게 만드는 일은 기업이나 사회로서도 절박한 과제로 자리 잡았다.

더 작은 학위, 더 짧은 학기

지금까지 소개한 교육의 미래상은 사회에서 통용되는 학력의 의미나 방법론을 크게 바꿔나갈 것이다. 그 징조는 '학위의 마이크로화'라는 형태로 이미 나타나기 시작했다.

전통적으로 학위는 공인된 학술 분야를 장기간 동안 훈련한 성과에 수여하는 것이다. 대학교 학사 학위를 얻으려면 통상적으로 4년간 공부 또는 연구를 해야 한다. 그런데 최근 들어서는 학위 취득에 필요한 기간을 줄이고 단기간에 필요한 만큼의 지식과 기술을 집중적으로 배우는 프로그램이 많이 등장했다. 나노 학위nano degree, 마이크로석사MicroMasters로 대표되는 이러한 프로그램은 온라인에서 몇 개월 동안 특정 분야의 지식과 기술을 습득한 사람에게 수료증 또는 자격을 수여한다.

학위의 단기화 현상과 더불어, 몇몇 대학교들을 중심으로 학기의 단기화 현상도 발견되고 있다. 실제로 미국의 대학교에서 4~5개월가량의 전통적인 학기를 짧게 줄인 미니학기MiniMasters 제도를 도입해 보다 유연하고 신속한 학습을 보장한 사례가 많다.

과목별로 단위나 성적을 매기지 않고 특정 기술의 숙련도를 총체적으로 평가하는 단위자격인증제micro-credentials도 대학교를 비롯한 여러 교육기관에서 유행하고 있다. 예컨대, 대학생이 온라인으로 프로그래밍을 기초에서부터 심화 단계까지 익히고, 직장인이 단기 프레젠테이션 코스를 수강하는 식이다. 밀도 높은 학습에 최적화된 교재와 훈련 코스도 마련되어 있다. 앞에서 언급했던 사회에서 요구되는 전문적 지식이나 기술을 상시로 업데이트할 수 있는 길이 열린 것이다. 정해진 코스를 마치면 수강생들은 일정 수준의 지식과 기술을 보유했음을 증명하는 디지털 배지를 발급받게 된다. 디지털 배지는 입시나 취직, 직장인들의 역량 평가 과정에 이미 활용되기 시작했다.

디지털 배지의 신뢰성을 둘러싼 회의적인 시선도 존재한다. 어떤 사람이 X라는 온라인 코스를 통해 Y라는 기술을 습득했다며 입사 지원 서류에 써냈다고 해보자. 기업에서는 그 사람이 정말로 디지털 배지를 취득했는지, 디지털 배지가 위조된 것은 아닌지 정확히 판단할 수 없다. 무수히 많은 프로그램을 찾아다니며 그 진위를 일일이 가려내는 게 현실적으로 불가능하기 때문이다.

이러한 문제를 해결하기 위해, 블록체인 기술로 위조가 불가능한 형태의 디지털 배지를 만들어 주고받는 시스템이 개발되었다. 그중에서도 매사추세츠공과대학교의 블록서트Blockcert라는 앱이 큰 주목을 받고 있다.

온라인 교육이
칠판처럼 당연해지는 날

마지막으로 내가 몸담은 곳, 온라인 교육의 미래를 전망해보려 한다.

우선, 온라인 교육이 확대된다고 해서 전통적인 학교가 통째로 사라질 일은 없다. 오히려 대면 수업과 같은 기존의 교육 방식 대부분은 미래에도 존속할 가능성이 높다. 다만, 온라인 교육의 입지는 눈에 띄게 달라질 것이다. 이전처럼 교육의 예외적 형태가 아니라, 아주 당연한 일상의 풍경으로 자리 잡는 셈이다. 교실마다 칠판이나 화이트보드가 걸려 있는 것처럼, 온라인 교육 또한 자연스러운 수업 과정으로서 모든 학생과 교사에게 친숙해지리라.

'온라인 교육인가, 대면 교육인가' 하는 이분법적 대립 구도는 막을 내린 지 오래이다. 앞으로는 2가지 교육이 다양한 형태로 조화를 이루며 최첨단 학습 기회를 만들어나갈 것이다.

동시에 전례 없이 빠른 속도로 도태되는 것들도 생겨날 수밖에 없다. 팬데믹의 소용돌이 속에서 세계의 많은 학교들이 온라인 학습으로 전환했다. 겨우 명맥을 유지해온 질 낮은 온라인 교육 프로그램과 콘텐츠는 그 민낯을 만천하에 드러내면서 쇠

락의 길을 걸었다. 전통적인 교육 방식 중에서도 바람직하지 않은 관행이나 믿음은 새로운 것들로 가차 없이 대체되고 있다. 이처럼 온라인 교육이라는 새로운 교육의 형태가 전통적 교육과 융합하는 과정에서 교육 전반의 수정·보완·도태가 동시다발적으로 이뤄지고 있다. 한마디로, 옛것과 새것이 유기적인 화학반응을 일으키며 교육의 미래를 재창조하는 중이다.

그 흐름을 지켜보며 누군가는 이렇게 생각할지도 모른다.

급격한 도태가 일어나고 좋은 것은 남는다. 묵은 문제들이 해결되고 비용은 낮아지며 질 높은 최첨단 교육이 승리할 것이다. 그러면 교육의 접근성이 높아지고 교육 격차가 사라지면서 사회적 격차도 시정되지 않을까?

결론부터 말하자면, 지켜보기만 해서는 그런 일은 절대로 일어나지 않는다.

온라인 교육은 만능 해결책이 아니다. 교육의 문턱을 획기적으로 낮출 것이라는 기대와 달리, 온라인 교육은 사실상 교육 격차를 해소하지 못했다. 오히려 팬데믹의 소용돌이 속에서 명백해진 사실은, 온라인 교육이 그 격차를 더욱 벌어지게 했다는 점이다. 인터넷망과 디지털 기기가 없어 수업에 참여하지 못하거나, 어린 학생들 중에는 곁을 지키는 어른이 없어 수업에 집중하지 못하는 경우가 적지 않았다. 코로나19로 인해 갑

작스럽게 온라인 수업으로 전환하게 됐지만 이를 위한 구조적인 지원은 거의 없었다. 온라인 교육을 무턱대고 도입하는 순간, 애초에 존재하던 사회의 부조리와 일그러짐만 증폭될 뿐이다. 이 점을 가슴에 깊이 새기고, 온라인 교육이라는 도구를 잘 활용하면서 산재한 문제들을 해결할 방법을 적극적으로 모색해나가야 한다.

STANFORD
ONLINE
HIGH SCHOOL

맺음말

끝까지 책을 읽어준 독자에게 고마움을 전한다. 미래의 교육 풍경을 엿본 당신의 감상이 어땠을지 문득 궁금증이 인다.

서문에서는 우리가 잘못 알고 있는 교육에 관한 상식을 최신 과학에 근거해 바로잡았다. 칭찬하기, 자세하게 가르치기, 반복 학습, 혼자 학습하기 등, 당연하게 여겼던 습관들을 다시 돌아볼 것을 권했다.

1장부터는 스탠퍼드온라인고등학교에 초점을 맞춰 설명했다. 기존의 학교보다 더 학교다워지기 위해 아주 일반적인 학교의 원칙이라고 해도 필요하다면 과감히 칼을 댔다. 더불어 '당신의 배움을 디자인하라'의 정신을 실현하기 위한 노력들을

맺음말 219

살펴보았다.

2장에서는 학교에 관한 일반적인 원칙을 짚으면서, 스탠퍼드온라인고등학교는 어떻게 만들어지고 돌아가는지를 설명했다. 반전 수업과 온라인 공동체 만들기, 대학교 입시 지원의 비밀에 이르기까지, 스탠퍼드온라인고등학교의 핵심을 과감하게 공개했다.

3장에서는 커리큘럼에 중점을 두고 철저히 해부했다. 다양한 교양과목과 더불어, 철학 필수 과정을 통해 '살아내는 힘'을 기르는 법, 웰니스 프로그램 등을 소개했다.

4장에서는 아이의 재능을 키우기 위한 8가지 단서를 제시했다. 아이가 배움의 주체가 되는 학육의 관점에 따라 최신 학습과학에 근거한 요령들을 살펴보았다.

5장에서는 현재 떠오르고 있는 교육의 주요 트렌드를 조망해보았다. 개인 맞춤형 학습, 액티브 러닝, 프로젝트 기반 학습, 학습과학, 에듀테크, 분산 학습 등, 교육 분야의 최신 동향과 학습 모델을 소개하고 설명했다.

6장에서는 학교와 교육의 미래상을 그려보았다. 교육과 교사, 학생의 역할 변화, 그리고 과학기술의 도입 확대 등, 향후 교육이 나아갈 미래의 풍경을 전망했다.

세상이 끊임없이 변하고 과학기술은 나날이 발전을 거듭하고 있다. 삶의 형태뿐 아니라 가치관, 사회의 요구, 세계 질서에 이르기까지, 그야말로 모든 것이 수시로 업데이트되는 세상이다. 교육도 결코 예외가 아니다. 변화에 발맞추어 가르치고 배우는 법도 달라져야 한다. 동시에 아이가 주체적으로 나아가야 할 길을 스스로 인지하도록 도우면서 교육의 미래를 만들어가길 바란다.

2020년 12월

꽁꽁 얼어붙은 스탠퍼드에서

호시 도모히로

1   Carol S. Dweck, "Caution-Praise Can Be Dangerous," *American Educator* 23(1), 1999, 4–9.

2   Elizabeth Bonawitz et al., "The double-edged sword of pedagogy: Instruction Limits spontaneous exploration and discovery," *Cognition* 120(3), 2011, 322–330.

3   Massachusetts Institute of Technology, "Don't show, don't tell? Direct instruction can thwart independent exploration," *ScienceDaily*, 2011; https://www.science-daily.com/releases/2011/06/110630112857.htm

4   Paul A. Howard-Jones, "Neuroscience and education: myths and messages," *Nature Reviews Neuroscience* 15(12), 2014, 817–824.

5   Harold Pashler, Mark McDaniel, Doug Rohrer, and Robert Bjork, "Learning Styles: Concepts and Evidence," *Psychological Science in the Public Interest* 9(3), 2008, 105–119.

6   Polly R. Husmann and Valerie Dean O'Loughlin, "Another Nail in the Coffin for Learning Styles? Disparities among Undergraduate Anatomy Students' Study Strategies, Class Performance, and Reported VARK Learning Styles," *Anatomical Sciences Education* 12(1), 2019, 6–19.

7   Jay McTighe and Judy Willis, *Upgrade Your Teaching: Understanding by Design Meets Neuroscience* (Alexandria: ASCD, 2019).

8   Susanne Vogel and Lars Schwabe, "Learning and memory under stress: implications for the classroom," *npj Science of Learning* 1(16011), 2016; https://doi.org/10.1038/npjscilearn.2016.11

9   Kelly McGonigal, "How to make stress your friend," TED, June, 2013; https://www.ted.com/talks/kelly_mcgonigal_how_to_make_stress_your_friend?language=en

10   Abiola Keller et al., "Does the Perception the Stress Affects Health Matter? The Association with Health and Mortality," *Health Psychology* 31(5), 2012, 677–684.

11   Jeremy P. Jamieson, Wendy Berry Mendes, and Matthew K. Nock, "Improving Acute Stress Responses: The Power of Reappraisal," *Current Directions in Psychological Science* 22(1), 2013, 51–56.

12   Jeremy P. Jamieson, Wendy Berry Mendes. Erin Blackstock, and Toni Schmader, "Turning the knots in your stomach into bows: Reappraising arousal improves performance on the GRE," *Journal of Experimental Social Psychology* 46(1), 2010, 208–212.

13   Sean F. Reardon, "The widening academic achievement gap between the rich and the poor: New evidence and possible explanations," In Greg J. Duncan and Richard J. Murnane(eds.), *Whither Opportunity* (New York: Russell Sage Foundation, 2011), 91–116.

14   Henry L. Roediger III and Andrew C. Butler, "The critical role of retrieval practice in long-term retention," *Trends in Cognitive Sciences* 15(1), 2011, 20–27.

15   Jeffrey D. Karpicke and Janell R. Blunt, "Retrieval Practice Produces More Learning than Elaborative Studying with Concept Mapping," *Science* 331(6018), 2011, 772–775.

16   Cynthia J. Brame and Rachel Biel, "Test-enhanced learning: Using retrieval practice to help students learn," Center for Teaching at Vanderbilt University; https://cft.vanderbilt.edu/guides-sub-pages/test-enhanced-learning-using-retrieval-practice-to-help-students-learn/#six

17   Norman Doidge, *The Brain That Changes Itself: Stories of Personal Triumph from the Frontiers of Brain Science* (New York: Penguin Books, 2007).

18   Jo Boaler, *Limitless Mind: Learn, Lead, and Live Without Barriers* (New York: HarperCollins Publishers, 2019).

19   Jean Decety, Philip L. Jackson, Jessica A. Sommerville, Thierry Chaminade, and Andrew N. Meltzoff, "The neural bases of cooperation and competition: and fMRI investigation," *Neuroimage* 23(2), 2004, 744–751.

20   OECD, *PISA 2015 Results (Volume V): Collaborative Problem Solving* (Paris: PISA, OECD Publishing, 2017); https://doi.org/10.1787/9789264285521-en

21   David L. Hamilton, Laurence B. Katz, and Von O. Leirer, "Cognitive representations of personality impressions: organizational processes in first impression formation," *Journal of Personality and Social Psychology* 39(6), 1980, 1050–1063.

22   John A. Bargh and Yaacov Schul, "On the cognitive benefits of teaching," *Journal of Educational Psychology* 72(5), 1980, 593–604.

23   Cynthia A. Rohrbeck, Marika D. Ginsburg-Block, John W. Fantuzzo, Traci R. Miller, "Peer-assisted learning interventions with elementary school students: a meta-analytic review," *Journal of Educational Psychology* 95(2), 2003, 240–257.

24   "With abysmal completion rates, colleges move to improve approach to MOOCs," EdScoop; https://edscoop.com/massive-open-online-courses-move-to-improve-completion-rates/

25   Arianna Prothero and Alex Harwin, "Many Online Charter Schools Fail to Graduate Even Half of Their Students on Time," EdWeek, April 18, 2019; https://www.edweek.org/ew/articles/2019/04/18/many-online-charter-schools-fail-to-graduate.html

26   Peter DeWitt, "6 Reasons Students Aren't Showing Up for Virtual Learning," EdWeek, April 26, 2020; https://blogs.edweek.org/edweek/finding_common_ground/2020/04/6_reasons_students_arent_showing_up_for_virtual_learning.html

27   미국초중등교육법(Elementary and Secondary Education Act, ESEA), Title XI, Part A, Definition 22(2002).

28   https://interdisciplinary.stanford.edu/

29   https://nationalwellness.org/resources/six-dimensions-of-wellness/#:~:text=The%20National%20Wellness%20Institute%20promotes.social%2C%20intellectual%2C%20and%20spiritual.

30   Greg Lukianoff and Jonathan Haidt, *The Coddling of the American Mind: How*

Good Intentions and Bad Ideas Are Setting Up a Generation for Failure (New York: Penguin Books, 2018).

31 CASEL에서 시행한 사회 정서 학습 프로그램의 체계는 다음을 참고했다. https://casel.org/what-is-sel/

32 https://www.digitallearningcollab.com/blog/yes-we-can-do-sel-online-a-case-study-from-stanford-online-high-school

33 Jo Boaler, *Limitless Mind: Learn, Lead, and Live Without Barriers* (New York: HarperCollins Publishers, 2019).

34 Carol Dweck, *Mindset: The New Psychology of Success* (New York: Ballantine Books, 2006).

35 David S. Yeager, et al., "A national experiment reveals where a growth mindset improves achievement," *Nature* 573, 2019, 364–369.

36 Aneeta Rattan, Catherine Good, and Carol S. Dweck, "'It's ok−Not everyone can be good at math': Instructors with an entity theory comfort (and demotivate) students," *Journal of Experimental Social Psychology* 48(3), 2012, 731–737.

37 Claude Steele and Joshua Aronson, "Stereotype threat and the intellectual test performance of African Americans," *Journal of Personality and Social Psychology* 69(5), 1995, 797–811.

38 Steven Spencer, Claude Steele, and Diane Quinn, "Stereotype Threat and Women's Math Performance," *Journal of Experimental Social Psychology* 35(1), 1999, 4–28.

39 Jason S. Moser, Hans S. Schroder, Carrie Heeter, Tim P. Moran, and Yu-Hao Lee, "Mind Your Errors: Evidence for a Neural Mechanism Linking Growth Mind-set to Adaptive Posterror Adjustments," *Psychological Science* 22(12), 2011, 1484–1489.

40 星友啓, スタンフォード式生き抜く力(ダイヤモンド社, 2020).

41 Jo Boaler, *Limitless Mind: Learn, Lead, and Live Without Barriers* (New York: HarperCollins Publishers, 2019).

42 Claudia Kalb, "What Makes a genius?" *National Geographic*, May 2017.

43 Edwin Locke and Gary Latham, "Building a Practically Useful Theory of Goal Setting Task Motivation," *American Psychologist* 57(9), 2002, 705–717.

44 Marc Effron, *8 Steps to High Performance: Focus On What You Can Change*, (Boston: harvard Business Review Press, 2018).

45   Edwin Locke and Gary Latham, "Building a Practically Useful Theory of Goal Set-
      ting Task Motivation," *American Psychologist* 57(9), 2002, 705–717.

46   Patricia Chen, Phoebe C. Ellsworth, and Norbert Schwarz, "Finding a Fit or Devel-
      oping It: Implicit Theories About Achieving Passion for Work," *Personality and
      Social Psychology Bulletin* 41(10), 2015, 1411–1424.

47   Allison L. Skinner, Andrew N. Meltzoff, and Kristina R. Olson, "'Catching' Social
      Bias: Exposure to Biased Nonverbal Signals Creates Social Biases in Preschool
      children," *Psychological Science* 28(2), 2017, 216–224.

48   John Dewey, *Democracy and Education: An Introduction to the Philosophy of
      Education* (New York: Macmillan, 1916).

49   Maria Montessori, *Education for a New World* (Adyar: Kalakshetra, 1948).

50   이 분야의 고전으로는 다음과 같은 저술이 있다. Charles C. Bonwell and James A.
      Eison, "Active Learning: Creating Excitement in the Classroom," ASHE-ERIC High-
      er Education Report, Washington DC: School of Education and Human Develop-
      ment, George Washington University, 1991.

51   Scott Freeman, et al., "Active learning increases student performance in science,
      engineering, and mathematics," *PNAS* 111(23), 2014, 8410–8415.

52   M. D. R. Evans, Paul Kelley and Jonathan Kelley, "Identifying the Best Times for
      Cognitive Functioning Using New Methods: Matching University Times to Under-
      graduate Chronotypes," *Frontiers in Human Neuroscience* 11, 188. doi: 10.3389/
      fnhum.2017.00188

53   https://en.unesco.org/covid19/educationresponse

54   Michael Moe and Vignesh Rajendran, "Dawn of the Age of Digital Learning," Me-
      dium, May 7, 2020; https://medium.com/gsv-ventures/dawn-of-the-age-of-digital-
      learning-4c4e38784226

55   Doug Lederman, "Online Education Ascends," Inside Higher Ed, November 7,
      2018; https://www.insidehighered.com/digital-learning/article/2018/11/07/new-
      data-online-enrollments-grow-and-share-overall-enrollment

56   https://www.newschools.org/wp-content/uploads/2020/03/NewSchools-Gal-
      lup-Report.pdf

57   Tommy Peterson, "Improving Online Learning and More with Artificial Intel-
      ligence," EdTech, August 5, 2020; https://edtechmagazine.com/higher/arti-

cle/2020/08/improving-online-learning-and-more-artificial-intelligence

58 Tina Nazerian, "How VR Is Being Used to Teach SEL," EdSurge, May 29, 2018; https://www.edsurge.com/news/2018-05-29-how-ar-and-vr-are-being-used-to-teach-sel

59 "Online, open and flexible higher education for the future we want," UNESCO; https://iite.unesco.org/files/news/639206/Paris%20Message%2013%2007%20 2015%20Final.pdf

60 Michael Moe and Vignesh Rajendram, "Dawn of the Age of Digital Learning," Medium, May 7, 2020; https://medium.com/gsv-ventures/dawn-of-the-age-of-digital-learning-4c4e38784226

61 Robert Morse and Eric Brooks, "Most Innovative Schools," U.S News, September 13, 2020; https://www.usnews.com/best-colleges/rankings/national-universities/ innovative

언택트 공부 혁명

초판 | 1쇄 발행 2021년 9월 28일

지은이 | 호시 도모히로
옮긴이 | 정현옥

발행인 | 이재진　　단행본사업본부장 | 신동해　　편집장 | 김경림
책임편집 | 송현주　　디자인 | 최우영
마케팅 | 권오권　　홍보 | 최새롬 권영선 최지은
국제업무 | 김은정　　제작 | 정석훈

브랜드 | 웅진지식하우스
주소 | 경기도 파주시 회동길 20 (주)웅진씽크빅
문의전화 | 031-956-7066(편집) 031-956-7068(마케팅)
홈페이지 | www.wjbooks.co.kr
페이스북 | www.facebook.com/wjbook
포스트 | post.naver.com/wj_booking

발행처 | (주)웅진씽크빅
출판신고 | 1980년 3월 29일 제406-2007-000046호

한국어판 저작권 ⓒ 웅진씽크빅, 2021
ISBN 978-89-01-25300-8 (03370)